LA NONE ÉCLAIRÉE,

OU

LES DÉLICES

DU CLOISTRE,

Avec un Discours Préliminaire.

Nouvelle Édition, revue, corrigée, & augmentée.

A AMSTERDAM.

M. DCC. LXXIV.

A MADAME***,

TRÈS-DIGNE ABBESSE

DE ***.

MADAME,

Comme il me ſeroit difficile de ne pas exécuter ce que vous me témoignez deſirer, je n'ai aucunement délibéré ſur la priere que vous m'avez faite de réduire au plutôt par écrit les doux Entretiens où votre Communauté a eu ſi bonne part. Je m'engageai trop ſolemnellement à cette galante entrepriſe, pour vouloir m'en défendre à préſent, & pour m'excuſer de ce travail, ſur la difficulté qu'il y a de rendre à la voix & aux actions, le beau feu dont elles ont été animées. Je ne ſais ſi j'aurai bien rempli mes devoirs & vos eſpérances : l'exercice de deux ou trois matinées vous en découvrira la vérité, & vous fera connoître que ſi je n'ai pas beaucoup d'éloquence, j'ai pour le moins aſſez de mémoire pour rapporter avec fidélité la plus grande partie des choſes paſſées. Je me ſuis tellement propoſé votre ſatisfaction dans cet ouvrage, que j'ai paſſé indifféremment ſur toutes les raiſons qui ſembloient m'en éloigner : la crainte ſeule qu'il ne tombât en d'autres mains que les vôtres, m'a fait un peu différer à vous l'envoyer ; & j'en ſerois moi-même le porteur, ſi mes affaires préſentes me le permettoient, plutôt que de confier au haſard de la poſte, ou d'un meſſager, un paquet de cette conſéquence. Car de bonne foi, quelle confuſion pour vous & pour moi, ſi des conférences ſi ſecrettes alloient devenir publiques, & ſi des actions qui ne ſont point blâmées, que parce qu'elles ne sont pas connues, alloient faire un nouveau sujet de critique, & fournir des armes à tous ceux qui voudroient nous attaquer? Quelle posture & quelle contenance pourroit tenir notre belle Religieuse, si le malheur l'exposoit en chemise à la vue de tous les curieux? Que d'opprobre, que de honte, que d'embarras! Toutes ces considérations sont fortes, mais vous avez voulu être obéie, & vous avez traité de reflexions légeres & timides, des raisons solides & assurées.

Quoi qu'il arrive, je m'en lave les mains; & pour quitter un peu le sérieux, je vous dirai qu'il n'y a rien à appréhender pour Sœur Agnès, quand même le mauvais destin se mêleroit de la conduite de tout ceci, puisque la peinture que j'en fais dans mes écrits, ne la représente que dans une très-exacte observance de tous ses vœux. Car en effet, pour commencer par la pauvreté, peut-on être dans un plus grand détachement des biens de ce monde, que de s'en dépouiller volontairement jusqu'à la chemise? Peut-on, dans ses paroles & dans ses actions, faire paroître la beauté de la chasteté avec plus d'éclat, qu'en se proposant pour regle la nature toute pure? Enfin si l'on veut faire preuve de son obéissance sans exception, l'on connoîtra qu'elle aura autant de docilité que pas une de vos Novices.

Voilà, MADAME, *une longue Lettre pour un petit Ouvrage, & une grande porte pour une pauvre Maison; il n'importe: j'ai mieux aimé pécher contre quelque regle, que de me gêner en vous écrivant. Faites part à vos plus intimes & aux miennes, de ce que vous jugerez à propos qu'elles sachent, & croyez que je suis sans réserve,*

MADAME,

Votre très-humble & très-affectionné Serviteur,

L'ABBÉ ***.

LA

LA NONE ÉCLAIRÉE, OU LES DÉLICES DU CLOISTRE.

PREMIER ENTRETIEN.

Sœur AGNÈS : *Sœur* ANGÉLIQUE.

AGNÈS. Ah Dieu ! Sœur Angélique n'entrez pas dans ma chambre, je ne suis pas visible à présent, faut-il ainsi surprendre les personnes dans l'état où je suis ? Je croyois avoir bien fermé la porte.

Angélique. Eh bien ! tout doucement, qu'as-tu à t'allarmer ? Le grand mal de t'avoir trouvée en changeant de chemise, ou faisant autre chose de mieux ; les bonnes amies ne se doivent aucunement cacher les unes aux autres. Assitoi sur ta couche comme tu étois, je vais fermer la porte sur nous.

Agnès. Je vous assure, ma Sœur, que je mourrois de confusion, si une autre que vous m'avoit ainsi surprise; mais je suis certaine que vous avez beaucoup d'affection pour moi; c'est pourquoi je n'ai pas sujet de rien craindre de vous, quelque chose que vous ayez pu voir.

Angélique. Tu as raison, mon enfant, de parler de la sorte, & quand je n'aurois pas pour toi toute la tendresse qu'un cœur peut ressentir, tu devrois toujours avoir l'esprit en repos de ce côté-là. Il y a sept ans que je suis Religieuse, & je suis entrée dans le cloître à treize, & je puis dire que je ne me suis point encore fait d'ennemies par ma mauvaise conduite; ayant toujours eu la médisance en horreur, & ne faisant rien plus au gré de mon cœur, que lorsque je rends service à quelques-unes de la Communauté. C'est cette maniere d'agir qui m'a procuré l'affection de la plupart, & qui m'a sur-tout assuré celle de notre Supérieure, qui ne m'est pas d'un petit usage dans l'occasion.

Agnès. Je le sai, & j'ai été souvent étonnée comment vous aviez pu faire pour vous ménager celles même qui sont d'un parti différent; il faut sans doute avoir autant d'adresse & d'esprit que vous pour engager de telles personnes. Pour moi je n'ai jamais pu me gêner dans mes affections, ni travailler à avoir pour amies celles qui naturellement m'étoient indifférentes: c'est-là le foible de mon génie, qui eſt l'ennemi de la contrainte, & qui veut en tout agir librement.

Angélique. Il eſt vrai qu'il eſt bien doux de ſe laiſſer conduire par cette nature pure & innocente, en ſuivant uniquement les inclinations qu'elle nous donne; mais l'honneur & l'ambition qui ſont venus troubler le repos des Cloîtres, obligent celles qui y ſont entrées à ſe partager, & à faire ſouvent par prudence, ce qu'elles ne peuvent faire par inclination.

Agnès. C'eſt-à-dire, qu'une infinité qui croient être maîtreſſes de votre cœur, n'en poſſédent ſeulement que la peinture, & que toutes vos proteſtations les aſſurent ſouvent d'un bien dont elles ne jouiſſent pas en effet. Je craindrois fort, je vous l'avoue, d'être de ce nombre, & d'être une victime de votre politique.

Angélique. Ah! ma chere, tu me fais une injure, la diſſimulation n'a point de part à des amitiés auſſi fortes que la nôtre; je ſuis toute à toi, & quand la nature m'auroit fait naître d'un même ſang, elle n'auroit pu me donner des ſentimens plus tendres que ceux que je reſſens. Permets que je t'embraſſe, afin que nos cœurs ſe parlent l'un à l'autre, au milieu de nos baiſers.

Agnès. Ah Dieu, comme tu me ſerres entre tes bras! Songe-tu que je ſuis nue en chemiſe! Ah! tu me mets toute en feu.

Angélique. Ah! que ce vermeil dont tu es à préſent animée, augmente l'éclat de ta beauté! ah! que ce feu qui brille maintenant dans tes yeux te rend aimable! Faut-il qu'une fille auſſi accomplie que toi ſoit ſi retirée comme tu es ? Non, non mon enfant, je te veux faire part de mes plus ſecrettes habitudes, & te donner une idée parfaite de la conduite d'une ſage Religieuſe. Je ne parle pas de cette ſageſſe auſtere & ſcrupuleuſe, qui ne ſe nourrit que de jeûnes, & ne ſe couvre que de haires & de cilices : il en eſt une autre moins farouche, que les perſonnes éclairées font profeſſion de ſuivre, & qui n'ont pas peu de rapport avec ton naturel amoureux.

Agnès. Moi d'un naturel amoureux ! il faut certes que ma phyſionomie ſoit bien trompeuſe, ou que vous n'en ſachiez pas parfaitement les regles. Il n'y a rien qui me touche moins que cette paſſion, & depuis trois ans que je ſuis en Religion, elle ne m'a point donné la moindre inquiétude.

Angélique. J'en doute fort, & je crois que ſi tu voulois en parler avec ſincérité, tu m'avouerois que je n'ai rien dit que de véritable. Quoi ! une fille de ſeize ans, d'un eſprit auſſi vif, d'un corps auſſi bien formé que le tien, ſeroit froide & inſenſible : non je ne puis me le perſuader, toutes tes démarches les plus négligées m'ont aſſuré du contraire ; & ce je ne ſai quoi que j'ai apperçu au travers de la ſerrure de ta porte, avant que d'entrer, me fait connoître que tu es une diſſimulée.

Agnès. Ah Ciel ! je ſuis perdue.

Angélique. Certes tu n'es pas raiſonnable ; dis-moi un peu ce que tu peux appréhender de moi, & si tu as sujet de craindre une amie. Je ne t'ai dit cela que dans le dessein de te faire bien d'autres confidences de mon côté : vraiment ce sont-là de belles bagatelles ; les plus scrupuleuses les mettent en usage ; & cela s'appelle, en termes claustraux, l'amusement des jeunes, & le passe-temps des vieilles.

Agnès. Mais encore, qu'avez-vous donc apperçu.

Angélique. Tu me fatigues par tes manieres : sais-tu bien que l'amour bannit toute crainte ; & que si nous voulons vivre toutes deux dans une intelligence aussi parfaite que je le desire, tu ne me dois rien celer, & je ne dois rien avoir de caché pour toi : baise-moi, mon cœur : dans l'état où tu es, une discipline seroit de bon usage pour te châtier du peu de retour que tu as pour l'amitié qu'on te marque. Ah Dieu ! que tu as d'embonpoint, & que tu es d'une taille bien proportionnée ! souffre que....

Agnès. Ah ! de grace laissez-moi en repos : je ne puis revenir de ma surprise ; car de bonne foi qu'avez-vous vu ?

Angélique. Ne le sais-tu pas bien, sotte, ce que je puis avoir vu : je t'ai vue dans une action où je te servirai moi-même, si tu veux, où ma main te fera à présent l'office que la tienne rendoit tantôt charitablement à une autre partie de ton corps. Voilà le grand crime que j'ai découvert, que Madame l'Abbesse D. L. R. pratique comme elle dit, dans des divertissemens les plus innocens, que la Prieure ne rejette point, & que la maîtresse des Novices appelle l'intromission extatique. Tu n'aurois pas cru que de si saintes ames eussent été capables de s'occuper à des exercices si profanes. Leur mine & leur dehors t'ont déçue, & cet extérieur de sainteté dont elles savent si bien se parer dans l'occasion, t'a fait penser qu'elles vivoient dans leur corps, comme si elles n'étoient composées que du seul esprit. Ah ! mon enfant, que je t'instruirai de quantité de choses que tu ignores, si tu veux avoir un peu de confiance en moi, & si tu me fais connoître la disposition d'esprit & de conscience où tu es à présent : après quoi je veux que tu sois mon confesseur, je serai ta pénitente ; & je te proteste que tu verras mon cœur aussi à découvert, que si tu en ressentois toi-même les plus purs mouvemens.

Agnès. Après tant de paroles, je ne crois pas devoir douter de votre sincérité, c'est pourquoi je vous apprendrai non seulement ce que vous souhaitez savoir de moi, mais même je veux me faire un sensible plaisir de vous communiquer jusqu'à mes plus secrettes pensées & actions. Ce sera une confession générale, dont je sai que vous n'avez pas dessein de vous prévaloir : mais dont la confidence que je vous en ferai, ne servira qu'à nous unir l'une & l'autre d'un lien plus étroit & indissoluble.

Angélique. C'est sans doute, ma plus chere, & tu remarqueras dans la suite qu'il n'y a rien de plus doux dans ce monde, que d'avoir une véritable amie qui puisse être la dépositaire de nos secrets, de nos pensées & de nos afflictions même. Ah ! que des ouvertures de cœur sont soulageantes dans de semblables occasions. Parle-donc, ma mignonne, je vais m'asseoir sur ta couche auprès de toi : il n'est pas nécessaire que tu t'habilles, la saison te permet de rester comme tu es : il me semble que tu es plus aimable, & que plus tu approches de l'état où la nature t'a fait naître, tu en as plus de charmes & de beauté. Embrasse-moi, ma chere Agnès, avant que de commencer, & confirme par tes baisers les protestations mutuelles que nous nous sommes données de nous aimer éternellement. Ah que ces baisers sont purs & innocens ! Ah qu'ils sont remplis de tendresse & de douceur ! Ah qu'ils me comblent de plaisirs ! Un peu de treve, mon petit cœur, je suis toute en feu ; tu me mets aux abois par tes caresses : ah Dieu que l'amour est puissant ! & que deviendrai-je si de simples baisers me transportent & m'animent si vivement ?

Agnès. Ah ! qu'il est difficile de se contenir dans les bornes de son devoir, lorsque nous lâchons tant soit peu la bride à cette passion ! Le croyeriez-vous, Angélique, ces badineries qui dans le fond ne sont rien, ont agi merveilleusement sur moi. Ah, ah, ah, laissez-moi un peu respirer : il semble que mon cœur est trop resserré à présent ! Ah que ces soupirs me soulagent ! je commence à ressentir pour vous une affection nouvelle, plus tendre &

plus forte qu'auparavant. Je ne sai d'où cela provient ; car de simples baisers peuvent-ils causer tant de désordre dans une ame ? Il est vrai que vous êtes bien artificieuse dans vos caresses, & que toutes vos manieres sont extraordinairement engageantes ; car vous m'avez tellement gagnée que je suis maintenant plus à vous qu'à moi-même : je crains même que dans l'excès de la satisfaction que j'ai goûtée, il ne se soit mêlé quelque chose, qui me donnât sujet de réfléchir sur ma conscience : cela me fâcheroit bien ; car quand il faut que je parle à mon Confesseur de ces sortes de matieres, je meurs de honte, & je ne sai par où m'y prendre : ah Dieu que nous sommes foibles, & que nos efforts sont vains pour surmonter les moindres saillies, & les plus légeres attaques d'une nature corrompue !

Angélique. Voici l'endroit où je t'attendois : je sai que tu as toujours été un peu scrupuleuse sur beaucoup de sujets, & qu'une certaine tendresse de conscience ne t'a pas donné peu de peine. Voilà ce que c'est que de tomber entre les mains d'un Directeur mal appris & ignorant : pour moi je te dirai que j'ai appris d'un savant homme, de quelle façon je devois me comporter pour vivre heureuse toute ma vie, sans rien faire néanmoins qui pût choquer la vue d'une Communauté réguliere, ou qui fut directement opposé aux commandemens de Dieu.

Agnès. Obligez-moi, Sœur Angélique, de me donner une idée parfaite de cette belle conduite :

conduite : croyez que je ſuis entiérement diſ-poſée à vous entendre , & à me laiſſer per-ſuader par vos raiſonnemens , lorſque je ne pourrai les détruire par de plus forts. La pro-meſſe que je vous avois faite de me découvrir toute à vous, n'en ſera que mieux obſervée , parce qu'inſenſiblement dans mes réponſes qui partageront notre entretien , vous remarque-rez ſur quel pied on m'a établie , & vous jugerez par l'aveu ſincere que je vous ferai de toute choſe , du bon ou du mauvais chemin que je ſuivrai.

Angélique. Mon enfant, tu ſeras peut-être ſurpriſe des leçons que je te vais donner ; tu vas être étonnée d'entendre une fille de dix-neuf à vingt ans faire la ſavante, & de la voir pénétrer dans les ſecrets les plus cachés de la politique Religieuſe. Ne crois pas, ma chere, qu'un eſprit de vaine gloire anime mes paro-les : non , je ſai que j'étois encore moins éclairée que toi à ton âge ; & que tout ce que j'ai appris, a ſuccédé à une ignorance ex-trême : mais il faut que je t'avoue auſſi qu'il faudroit m'accuſer de ſtupidité , ſi les ſoins que pluſieurs grands hommes ont pris à me former n'avoient été ſuivis d'aucun fruit ; ſi l'intelligence qu'ils m'ont donnée de pluſieurs langues , ne m'avoit fait faire quelque progrès par la lecture des bons livres.

Agnès. Ma chere Angélique , commencez je vous prie, vos inſtructions : je languis dans l'impatience où je ſuis de vous entendre ; vous n'avez jamais eu d'écoliere plus attentive, que je la ferai à tous vos difcours.

Angélique. Comme nous ne fommes pas nées d'un fexe à faire des loix, nous devons obéir à celles que nous avons trouvées, & fuivre comme des vérités connues beaucoup de chofes qui d'elles-mêmes ne pafient chez plufieurs que pour opinions. Je prétends, mon enfant, te confirmer par-là dans les fentimens où tu es qu'il y a un Dieu jufte & miféricordieux, qui demande nos hommages, & qui de la même bouche qu'il défend le mal, nous commande la pratique du bien. Mais comme tous ne conviennent pas de ce qui fe doit appeller bien ou mal, & qu'une infinité d'actions pour lefquelles on nous donne de l'horreur, font reçues & approuvées chez nos voifins, je t'apprendrai en peu de paroles, ce qu'un révérend P. Jéfuite, qui a une affection particuliere pour moi, me difoit dans le temps qu'il tâchoit de m'ouvrir l'efprit, & de le rendre capable des fpéculations préfentes.

Comme tout votre bonheur, ma chere Angélique (c'eft ainfi qu'il me parloit) dépend d'une parfaite connoiffance de l'état religieux que vous avez embraffé, je veux vous en faire une naïve peinture, & vous donner les moyens de vivre dans votre folitude, fans aucune inquiétude ou chagrin qui proviennent de votre engagement. Pour procéder avec méthode dans l'inftruction que je veux vous donner, vous devez remarquer que la Religion (j'entends par ce mot tous les ordres Monastiques) est composée de deux corps, dont l'un est purement céleste & surnaturel, & l'autre terrestre & corruptible, qui est de l'invention des hommes; l'un est politique, & l'autre mystique par rapport à J. C. qui est l'unique chef de la véritable Église : l'un est permanent, parce qu'il consiste dans la parole de Dieu qui est immuable & éternelle, & l'autre est sujet à une infinité de changemens, parce qu'il dépend de celle des hommes qui est finie & faillible. Cela posé, il faut séparer ces deux corps, & en faire un juste discernement, pour savoir à quoi nous sommes véritablement obligés. Ce n'est pas une petite difficulté de les bien démêler. La politique, comme la plus foible partie, s'est tellement unie à l'autre, qui est la plus forte, que tout est à présent presque confondu, & la voix des hommes confuse avec celle de Dieu. C'est de ce désordre que les illusions, les scrupules, les gênes & les bourrellemens de conscience, qui mettent souvent une pauvre ame au desespoir, ont pris naissance; & que ce joug qui doit être léger & facile à porter, est devenu par l'imposition des hommes, pesant, lourd & insupportable à plusieurs.

Parmi de si épaisses ténebres, & une si visible altération de toutes choses, il faut s'attacher uniquement au gros de l'arbre, sans se mettre en peine d'embrasser ses branches & ses rameaux. Il faut se contenter d'obéir aux préceptes du souverain législateur, & tenir pour certain que toutes ces œuvres de surérogation, auxquelles la voix des hommes nous veut engager, ne doivent pas nous causer un moment d'inquiétude. Il faut en obéissant à ce Dieu qui nous commande, regarder si sa volonté est écrite de ses propres doigts; si elle sort de la bouche de son propre fils, ou si elle part seulement de celle du peuple. Tellement que sœur Angélique peut sans scrupule allonger ses chaînes, embellir sa solitude; & donnant un air gai à toutes ses actions, s'apprivoiser avec le monde. Elle peut, continua-t-il, se dispenser autant que prudemment elle pourra faire, de l'exécution de tout ce fatras de vœux & de promesses qu'elle a fait indiscrettement entre les mains des hommes, & rentrer dans les mêmes droits où elle étoit avant son engagement, ne suivant que ses premieres obligations.

Voilà, poursuivit-il, pour ce qui regarde la paix intérieure: car pour l'extérieure, vous ne pouvez, sans pécher contre la prudence, vous dispenser de le donner aux loix, aux coutumes, & aux mœurs auxquelles vous vous êtes assujettie en entrant dans le Cloître. Vous devez même paroître zélée & fervente dans les exercices les plus pénibles, si quelqu'intérêt de gloire ou d'honneur dépend de ces occupations; vous pouvez parer votre chambre de haires, de cilices & de rosaires; & par ce dévot étalage, mériter autant que celle qui indiscretement s'en déchirera le corps.

Agnès. Ah que je suis ravie de t'entendre!

l'extrême plaisir que j'y ai pris, m'a empêché de t'interrompre ; & cette liberté de conscience que tu commences à me rendre par ton discours, me décharge d'un nombre infini de peines qui me tourmentoient. Mais continue, je te prie, & m'apprends quel a été le dessein de la Politique, dans l'établissement de tant d'Ordres, dont les Regles & les Constitutions sont si rigoureuses.

Angélique. On peut considérer dans la fondation de tous les Monasteres deux ouvriers qui y ont travaillé; à sçavoir le Fondateur & la Politique. L'intention du premier a souvent été pure, sainte & éloignée de tous les desseins de l'autre ; & sans avoir d'autre vue que le salut des ames, il a proposé des regles & des manieres de vivre qu'il a cru nécessaires, ou tout au moins utiles à son avancement spirituel & celui de son prochain. C'est par-là que les déserts se sont peuplés, & que les Cloîtres se sont bâtis. Le zele d'un seul en échauffoit plusieurs; & leur principale occupation étant de chanter continuellement les louanges du vrai Dieu, ils attiroient, par ces pieux exercices, des compagnies entieres qui s'unissoient à eux & ne faisoient qu'un corps. Je parle en ceci de ce qui s'est passé dans la ferveur des premiers siecles; car pour le reste il en faut raisonner autrement, & ne pas penser que cette innocence primitive, & ce beau caractere de dévotion, se soient long-temps conservés, & ayent fait le partage de ceux que nous voyons à présent.

La Politique qui ne peut rien ſouffrir de défectueux dans un état, voyant l'accroiſſement de ces Reclus, leur déſordre & leur déréglement, a été obligée d'y mettre la main : elle en a banni pluſieurs & retranché des conſtitutions des autres, ce qu'elle n'a pas cru néceſſaire à l'intérêt commun. Elle auroit bien voulu ſe défaire entiérement de ces ſang-ſues, qui dans une oiſiveté & une fainéantiſe horribles, ſe nourriſſoient du labeur du pauvre peuple ; mais ce bouclier de la Religion dont ils ſe couvroient & l'eſprit du vulgaire dont ils s'étoient déja emparés, ont fait prendre un autre tour, pour que ces ſortes de compagnies ne fuſſent pas entiérement inutiles à la Republique.

La Politique a donc regardé toutes ces maiſons comme des lieux communs où elle ſe pourroit décharger de ces ſuperfluités ; elle s'en ſert pour le ſoulagement des familles, que le grand nombre d'enfans rendoient pauvres & indigentes, s'ils n'avoient des endroits pour les retirer : & afin que leur retraite ſoit ſans eſpérance de retour, elle a inventé les vœux par leſquels elle prétend nous lier & nous attacher indiſſolublement à l'état qu'elle nous fait embraſſer : elle nous fait même renoncer aux droits que la nature nous a donnés, & nous ſépare tellement du monde que nous n'en faiſons plus une partie. Tu conçois bien tout ceci.

Agnès. Oui, mais d'où vient que cette maudite Politique qui de libres nous rend eſclaves, approuve davantage les Regles qui n'ont rien que de rude & d'austere, que celles qui sont moins rigoureuses ?

Angélique. En voici la raison. Elle regarde les Religieux & Religieuses comme des membres retranchés de son corps, & comme des parties séparées, dont la vie ne lui semble en particulier utile à aucune chose, mais bien plutôt dommageable au Public. Et comme ce seroit une action qui paroîtroit inhumaine que de s'en défaire ouvertement, elle se sert de stratagême ; & sous prétexte de dévotion, elle engage ces pauvres victimes à s'égorger elles-mêmes, & à se charger de tant de jeûnes, de pénitences & de mortifications, qu'enfin ces innocentes succombent, & font place par leur mort à d'autres qui doivent être aussi misérables, si elles ne sont pas plus éclairées. De cette maniere un Pere est souvent le bourreau de ses enfans, & sans y penser, il les sacrifie à la politique, lorsqu'il croit ne les offrir qu'à Dieu.

Agnès. Ah pitoyable effet qu'un détestable gouvernement ! Tu me donnes la vie, ma chere Angélique, en me retirant par tes raisons du grand chemin que je suivois : peu de personnes mettoient plus en usage que moi, toutes les mortifications les plus rudes. Je me suis accablée de coups de discipline, pour combattre souvent des mouvemens innocens de la nature, que mon Directeur faisoit passer pour des déréglemens horribles. Ah ! faut-il que j'aye ainsi été dans l'abus. C'est sans doute par cette cruelle maxime que les ordres mitigés sont méprisés ; & que ceux qui n'ont rien que d'affreux, sont loués & élevés jusqu'au Ciel. Oh Dieu ! souffrez-vous qu'on abuse ainsi de votre nom, pour des exécutions si injustes ? & permettez-vous que des hommes vous contrefassent ?

Angélique. Ah ! mon enfant, que ces exclamations me font bien connoître qu'il te manque encore quelque lumiere pour voir clair universellement en toutes choses ; demeurons-en là : ton esprit n'est pas capable pour le présent d'une spéculation plus délicate. *Aime Dieu & ton Prochain*, & crois que toute la loi est renfermée dans ces deux commandemens.

Agnès. Quoi, Angélique, voudriez-vous me laisser dans quelqu'erreur ?

Angélique. Non, mon cœur, tu seras pleinement instruite, & je te mettrai un livre entre les mains qui achevera de te rendre savante, & où tu apprendras avec facilité ce que je n'aurois pu t'expliquer qu'avec confusion.

Cela suffit. Il faut que je vous avoue que j'ai trouvé cet endroit plaisant. » Que les Cloîtres sont les lieux communs, où la politique se décharge de ses ordures ! » Il me semble qu'on ne peut pas en parler d'une maniere plus basse & plus humiliante.

Angélique. Il est vrai que l'expression est un peu forte ; mais elle n'est gueres plus choquante que celle d'un autre qui disoit que » les Moines & les Moinesses étoient dans l'Eglise, ce que les chats & les souris étoient dans l'Arche de Noé.

Agnès.

Agnès. Vous avez raison, & j'admire la facilité que vous avez à vous énoncer ; je ne voudrois pas pour tout ce que je puis avoir de plus cher, que l'occasion de ma porte entr'ouverte n'eut donné lieu à notre entretien. Oui, j'ai pénétré dans le sens de toutes vos paroles.

Angélique. Eh bien ! en feras-tu un bon usage ? & ce beau corps qui n'est coupable d'aucun crime, sera-t-il encore traité comme le plus infâme scélérat qui soit au monde ?

Agnès. Non, je prétends lui tenir compte du mauvais temps que je lui ai fait passer ; je lui en demande pardon, & en particulier d'une rude discipline que je lui fis hier ressentir par l'avis de mon confesseur.

Angélique. Baise-moi, ma pauvre enfant, je suis plus touchée de ce que tu me dis, que si je l'avois éprouvé sur moi-même, il faut que ce châtiment soit le dernier qui te fatigue : mais encore te fis-tu grand mal ?

Agnès. Hélas ! mon zele étoit indiscret, & je croyois que plus je frappois, plus j'avois de mérite : mon embonpoint & ma jeunesse me rendoient sensible aux moindres coups ; tellement qu'à la fin de ce bel exercice, j'avois le derriere tout en feu ; je ne sais même si je n'y avois point quelque blessure, parce que j'étois tout-à-fait transportée, lorsque je l'outrageois si vivement.

Angélique. Il faut, ma mignonne, que j'en fasse la visite, & que je voie de quoi est capable une ferveur mal conduite.

Agnès. Oh Dieu ! faut-il que je souffre cela ? c'est donc tout de bon que vous parlez, je ne puis l'endurer sans confusion : oh, oh !

Angélique. Et à quoi sert donc tout ce que je t'ai dit, si une sotte pudeur te retient encore ? quel mal y a-t-il à m'accorder ce que je te demande ?

Agnès. Il est vrai, j'ai tort, & votre curiosité n'est point blâmable ; satisfaites-la comme vous souhaitez.

Angélique. Oh ! le voilà donc à découvert ce beau visage toujours voilé ! Mets-toi à genoux sur ta couche, & baisse un peu la tête, afin que je remarque la violence de tes coups. Ah bonté divine, quelle bigarure ! Il me semble que je vois du taffetas de la Chine, ou bien du rayé du temps passé. Il faut avoir une grande dévotion au *Mystere de la flagellation*, pour s'en illuminer ainsi les fesses.

Agnès. Eh bien ! as-tu assez contemplé cet innocent outragé ? Oh Dieu, comme tu le manie ! laisse-le en repos, afin qu'il reprenne son premier teint, & qu'il se défasse de ce coloris étranger. Quoi ! tu le baise ?

Angélique. Ne t'y oppose pas, mon enfant, j'ai l'ame du monde la plus compassive ; & comme c'est une œuvre de miséricorde de consoler les affligés, je crois que je ne saurois leur faire trop de caresse, pour dignement m'acquitter de ce devoir. Ah que tu as cette partie bien formée, & que la blancheur & l'embonpoint qui y paroissent lui donnent d'éclat !

J'apperçois aussi un autre endroit qui n'est pas moins bien partagé de la nature, c'est *la nature même.*

Agnès. Retire ta main, je te prie, de ce lieu, si tu ne veux y causer un incendie qui ne pourroit pas s'éteindre facilement. Il faut que je t'avoue mon foible : je suis la fille la plus sensible qui se puisse trouver, & ce qui ne causeroit pas à d'autres la moindre émotion, me met souvent toute en désordre.

Angélique. Quoi! tu n'es donc pas si froide comme tu voulois me persuader au commencement de notre conversation? & je crois que tu feras aussi bien ton personnage qu'aucune que je connoisse, quand je t'aurai mise entre les mains de cinq ou six bons freres. Je souhaitrois, pour ce sujet, que la retraite où je vais entrer, selon la coutume, pût se différer afin de me trouver avec toi au parloir. Mais il n'importe, je m'en consolerai par le récit que tu me feras de tout ce qui se sera passé; à savoir, si l'ABBÉ aura mieux fait que LE MOINE, si LE FEUILLANT l'aura emporté sur LE JÉSUITE; & enfin, si toute la FRATRAILLE t'aura pleinement satisfaite.

Agnès. Ah que je me figure d'embarras dans ces sortes d'entretiens, & qu'ils me trouveront novice en fait d'amourettes!

Angélique. Ne te mets pas en peine, ils savent de la maniere qu'il faut en user avec tout le monde; & un quart d'heure avec eux te rendra plus savante que tous les préceptes que tu pourrois recevoir de moi dans une semaine. Çà couvre ton derriere, de crainte qu'il ne s'enrhume : tiens, il aura encore ce baiser de moi, & celui-ci, & celui-là.

Agnès. Que tu es badine. Crois-tu que j'aurois souffert toutes ces sottises, sans que je sçai que rien n'y est offensé.

Angélique. Si cela étoit, je pécherois donc à tout moment ; car le soin qu'on m'a donné des Ecolieres & des Pensionnaires, m'oblige à visiter leur maison de derriere bien souvent. Encore hier, je donnai le fouet à une, plutôt pour ma satisfaction, que pour aucune faute qu'elle eût commise ; je prenois un plaisir singulier à la contempler, elle est fort jolie, & a déja treize ans.

Agnès. Je soupire après cet emploi de maîtresse de l'école, afin de prendre un semblable divertissement. Je suis frappée de cette fantaisie, & même je serois ravie de voir en toi ce que tu as considéré si attentivement en ma personne.

Angélique. Helas ! mon enfant, la demande que tu me fais ne me surprend pas, nous sommes toutes formées de même pâte. Tiens, je me mets dans ta posture ; bon, leve ma juppe & ma chemise le plus haut que tu pourras.

Agnès. J'ai grande envie de prendre ma discipline, & de faire ensorte que ces deux sœurs jumelles n'ayent rien à me reprocher.

Angélique. Ouf, ouf, ouf, comme tu y vas ! ces sortes de jeux ne me plaisent que quand ils ne sont pas violens ; tréve, tréve, si ta dévotion t'alloit reprendre, je serois perdue : oh Dieu! que tu as le bras flexible : j'ai dessein de t'associer dans mon office, mais il faut un peu plus de modération.

Agnès. Voilà certes bien de quoi se plaindre ; ce n'est pas-là la dîme des coups que j'ai reçus : je te remets le reste à une autre fois ; il faut accorder quelque chose à ton peu de courage. Sais-tu bien que cet endroit en devient plus beau : un certain feu qui l'anime, lui communique un vermillon plus pur & plus brillant que tout celui d'Espagne. Approche-toi un peu plus près de la fenêtre, afin que le jour m'en découvre toutes les beautés. Voilà qui est bien : je ne me lasserois jamais de le regarder : je vois tout ce que je souhaitois, jusqu'à son voisinage. Pourquoi couvres-tu cette partie de ta main ?

Angélique. Hélas ! tu peux la considérer aussi bien que le reste : s'il y a du mal à cette occupation, il n'est préjudiciable à personne, & ne trouble aucunement la tranquillité publique.

Agnès. Comment pourroit-il la troubler, puisque nous n'en faisons plus une partie, outre que les fautes cachées sont à demi pardonnées ?

Angélique. Tu as raison ; car si l'on pratiquoit dans le monde autant de crimes, pour parler conformément à nos regles, comme il s'en commet dans les Cloîtres, la police seroit obligée d'en corriger les abus, & couperoit le cours à tous ces désordres.

Agnès. Je crois aussi que les Peres & Meres ne permettroient jamais l'entrée de nos maisons à leurs enfans, s'ils en connoissoient le déréglement.

Angélique. Il n'en faut pas douter ; mais comme la plupart des fautes y sont secrettes, & que la dissimulation y regne plus qu'en aucun endroit, tous ceux qui y demeurent n'en apperçoivent pas les défauts, mais servent eux-mêmes à engager les autres : outre que l'intérêt particulier des Familles l'emporte souvent sur beaucoup d'autres considérations.

Agnès. Les Confesseurs & les Directeurs des Cloîtres ont un talent particulier pour faire aller dans leurs filets de pauvres innocentes qui tombent dans un piege, en pensant trouver un trésor.

Angélique. Il est vrai, & je l'ai éprouvé en ma personne. Je n'avois aucun penchant pour la Religion, je combattois vivement les raisons de ceux qui m'y portoient, & jamais je n'y serois entrée, si un Jésuite, qui pour lors gouvernoit ce Monastere, ne s'en étoit mêlé : un intérêt de Famille obligea ma Mere qui m'aimoit tendrement, & qui s'étoit toujours opposée, à y donner les mains. J'y résistai long-temps, parce que je ne prévoyois pas que le Comte de la Roche, mon frere aîné, par droit de Noblesse & par les Coutumes du Pays, emportoit presque tout le bien de la maison, & nous laissoit six sans un autre appui que celui qu'il nous promettoit, qui, selon son humeur, devoit être peu de chose. Enfin il céda dix mille francs, à ce qu'il me dit, de ses prétentions, auxquels quatre furent ajoutés, tellement que j'apportai quatorze mille livres pour ma dot, en faisant profession dans ce Couvent. Mais pour revenir à l'adresse de celui qui m'embaucha, tu sauras qu'on fit ensorte que je me rencontrasse avec lui, un après-diné que j'étois allée rendre visite à une de mes cousines qui étoit Religieuse, & qui mouroit d'envie de me voir revêtue d'un habit semblable au sien.

Agnès. N'étoit-ce pas Sœur Victorie ?

Angélique. Oui : nous étant donc trouvés tous trois à un même parloir, le Jésuite, Victorie & moi, nous commençames par les complimens & les civilités dont on use dans les premieres entrevues ; elles furent suivies d'un discours de ce Loyoliste, touchant les vanités du siecle & la difficulté de faire son salut dans le monde, qui disposa beaucoup mon esprit à se laisser tromper : ce n'étoient néanmoins que de légeres préparations ; il avoit bien d'autres subtilités pour s'insinuer dans mon intérieur, & pour me faire entrer dans ses sentimens. Il me disoit quelquefois qu'il remarquoit dans ma physionomie le véritable caractere d'une ame Religieuse, qu'il avoit un don particulier pour en faire un juste discernement, & que je ne pourrois sans faire injure à Dieu (c'est ainsi qu'il parloit) consacrer au monde une beauté aussi parfaite que la mienne.

Agnès. Il ne s'y prenoit pas mal. Que répondois-tu à cela ?

Angélique. Je combattis d'abord ces premieres raisons par d'autres que je lui opposois, qu'il détruisoit avec un artifice merveilleux. Victorie aidoit encore à me tromper, & me faisoit voir la Religion du côté qu'elle peut avoir quelque chose d'aimable, & me cachoit adroitement tout ce qui étoit capable de m en rebuter. Enfin le Jésuite qui, comme j'ai appris, avoit fait des conquêtes plus difficiles, fit ses derniers efforts pour s'assurer de la mienne. Il y réussit par la peinture qu'il me fit du monde, & de la Religion, & me contraignit par la force de son éloquence, à embrasser étroitement son parti.

Agnès. Mais encore, que te dit-il, qui fut capable d'exercer un pouvoir si absolu sur ton esprit ?

Angélique. Je ne puis te le rapporter dans son étendue, car il me tint trois heures à la grille ; tu sauras seulement qu'il me prouva par des raisonnemens que je croyois forts, que c'étoit-là ma vocation dans laquelle seule je pouvois faire mon salut, qu'il n'y avoit point de sûreté pour moi, ni de chemin hors delà ; que le monde n'étoit rempli que d'écueils & de précipices ; que les excès des Religieux valoient mieux que la modération des mondains, & que le repos & la contemplation des uns étoit en même-temps plus douce & plus méritoire que l'action & tout l'embarras des autres ; que c'étoit dans les Cloîtres seuls où l'on pouvoit traiter familierement avec Dieu ; & par conséquent, que

que pour se rendre digne d'une communication si sainte & si relevée, il falloit fuir la compagnie des hommes. Que c'étoit dans ces lieux que se conservoient les restes de l'ancienne ferveur des Chrétiens, & qu'on pouvoit voir l'image véritable de la primitive Eglise.

Agnès. On ne pouvoit pas parler avec plus d'éloquence, & tout ensemble avec plus d'artifice ; car je remarque qu'il ne te dit pas un mot des rigueurs & des austérités qui pouvoient t'épouvanter.

Angélique. Tu te trompes, il n'oublia rien. Mais les peines & les mortifications dont il me parla, furent assaisonnées de tant de douceur, que je ne les trouvai point de mauvais goût. Je ne veux rien vous cacher, (me disoit-il :) ces dévotes compagnies dont j'espere que vous augmenterez le nombre, travaillent jour & nuit par leurs austérités & pénitences à dompter l'orgueil & l'insolence de la nature : elles exercent sur leurs sens une violence qui dure toujours ; sans mourir, leur ame est séparée de leur corps, & méprisant également la douleur & la volupté, elles vivent comme si elles n'étoient faites que du seul esprit. Ce n'est pas tout (poursuivit-il d'un ton persuasif) elles font un sacrifice rigoureux de leur liberté ; elles se dépouillent de tous leurs biens pour s'enrichir seulement d'espérances, & s'imposent par des vœux solemnels la nécessité d'une perpétuelle vertu.

Agnès. C'étoit un Maître Orateur que ce

disciple de Loyola : je souhaiterois le connoître.

Angélique. Tu le connois bien, & je t'apprendrai de petites particularités de sa vie, qui te feront croire qu'il sait faire plus d'un personnage. Mais il faut que je t'acheve le reste. Voilà, Mademoiselle, bien des chaînes, des rigueurs & des mortifications que je vous présente : mais le croiriez-vous, me dit-il, ces saintes ames dont je vous parlois présentement sont glorieuses de ce joug ; elles sont vaines de cette servitude, il ne s'offre point de rude peine à souffrir, qu'elles n'estiment une grande récompense ; elles font toutes leur amour & leur passion du service de Jesus-Christ ; c'est lui seul qui les met toutes en feu, pour peu qu'il les touche ; c'est lui qui est l'unique Maître de leur cœur, & qui fait succéder à leurs peines des joies & des douceurs incroyables.

Agnès. Sans doute, tu fus charmée par ce beau discoureur.

Angélique. Oui, mon enfant, ce Charlatan me persuada ; ses paroles me changerent en un moment ; elles m'arracherent à moi-même, & me firent rechercher avec ardeur, ce que j'avois toujours fui avec constance. Je devins la plus scrupuleuse du monde ; & parce qu'il m'a dit qu'hors du Cloître je ne pouvois faire mon salut, je m'imaginois, avant d'y être entrée, avoir tous les Diables à mes côtés. Depuis ce temps, il a voulu lui-même me remettre dans le bon sens ; il m'a donné les connoissances qui pouvoient me tirer des ténebres où il m'avoit jettée, & c'est à sa morale que je dois tout le repos & la quiétude d'esprit que je possede.

Agnès. Apprenez-moi donc vîte qui est ce personnage.

Angélique. C'est le Pere de Raucourt.

Agnès. Oh Dieu! quel enchanteur! j'ai été une fois à confesse à lui, je le prenois pour l'homme du monde le plus dévot : il est vrai qu'il sait l'art de gagner les cœurs en perfection, & qu'il persuade ce qu'il désire : mais je lui veux mal de m'avoir laissée dans l'erreur où il me trouva, & d'où il me pouvoit dégager.

Angélique. Ah! qu'il est trop prudent pour se mettre ainsi au hasard; il te voyoit dans une bigoterie extraordinaire, dans des scrupules horribles, & savoit que d'une extrémité à l'autre, on ne peut pas réduire une fille si facilement, outre que si un seul Saint éclairoit tous les aveugles, il n'y auroit plus de miracles à faire pour les autres : tu m'entends bien; c'est-à-dire, que si tu avois eu la foi, tu aurois été guérie, & que si ce sage Directeur eût reconnu en toi quelques dispositions à suivre ces ordonnances, il t'auroit servi de médecin.

Agnès. Je le crois, mais j'aime autant t'en avoir l'obligation qu'à lui-même. Apprends-moi, je te prie, quelque trait de la vie de ce bienheureux.

Angélique. Je le veux, mon petit cœur, baise-moi donc, & m'embrasse bien amoureusement auparavant : ah! ah! voilà qui est bien.

Ah ! que je ſuis charmée de la beauté de ta bouche & de tes yeux ; un ſeul de tes baiſers me tranſporte plus que je ne puis te l'exprimer.

Agnès. Commence donc. Ah ! que tu es une grande baiſeuſe !

Angélique. Je ne me laſſe jamais de careſſer ce que je trouve d'aimable. Puiſque tu connois le Pere de Raucourt, il n'eſt pas néceſſaire que je te diſe que c'eſt l'homme du monde le plus intriguant, le plus adroit & le plus ſpirituel qui ſe puiſſe trouver. Seulement je t'apprendrai qu'en fait d'amitié, il eſt délicat au dernier point ; & que comme il croit valoir quelque choſe, il faut avoir bien des qualités pour lui plaire. Entre toutes ſes conquêtes, il n'en comptoit point de plus glorieuſe que celle qu'il avoit faite d'une jeune Religieuſe d'un Couvent de cette Ville, qui s'appelle Sœur Virginie.

Agnès. J'en ai oui parler comme d'une beauté achevée, mais je n'en ſais point d'autres particularités.

Angélique. C'eſt une fille la plus belle qui ſe puiſſe voir, ſi le portrait que ſon Galant m'a montré eſt fidele. Pour de l'eſprit, elle en eſt autant partagée qu'elle le pouvoit ſouhaiter ; elle eſt enjouée, elle touche pluſieurs inſtrumens, & chante avec des charmes capables d'enlever les cœurs. Il y avoit déja quelques mois que notre Jéſuite ſe l'étoit entiérement acquiſe, & qu'ils jouiſſoient tous deux de cette douce tranquillité qui fait le bonheur des

Amants, lorſque la jalouſie commença le déſordre que tu vas entendre.

Il y avoit dans ce même Monaſtere une Religieuſe pour qui le Pere avoit témoigné avoir de l'amitié, & à qui il avoit fait pluſieurs viſites ſur ce pied-là : il en avoit même reçu quelques faveurs capables d'engager fortement un homme un peu fidele, mais l'éclat de la beauté de Virginie l'emporta ſur ſon cœur.

Il ſe dégagea intérieurement de cette premiere habitude, & ne donna plus à cette pauvre fille que l'extérieur & les apparences d'un véritable amour. Elle s'apperçut bientôt du changement, & vit clairement qu'il y avoit du partage. Elle diſſimula néanmoins ſon chagrin, & voyant qu'elle avoit affaire à une Rivale qui la ſurpaſſoit en tout, elle ne conçut point le deſſein de s'attaquer à elle, mais elle jura la perte de celui qui la mépriſoit.

Pour venir plus facilement à bout de ſon entrepriſe, elle étudia les heures & les momens que Virginie donnoit à l'entretien de ce Religieux amant ; & comme elle avoit appris par expérience qu'il ne ſe contentoit point de paroles ni de faveurs légeres, elle crut avec raiſon qu'elle pourroit les ſurprendre dans de certains exercices, dont la connoiſſance la rendoit maîtreſſe du ſort de ſon infidele. Elle fut long-temps avant que de rien découvrir d'aſſez fort pour éclater : elle apperçut bien deux ou trois fois ce pauvre Pere qui ſe réchauffoit la main dans le ſein de Virginie : elle les vit ſe donnant quelques baisers avec une ardeur incroyable, mais cela passoit pour bagatelles dans son esprit ; & comme elle savoit qu'on ne comptoit dans le Cloître ces sortes d'actions que pour des peccadilles, que l'eau-bénite efface, elle s'en tint, en attendant une meilleure occasion de parler.

Agnès. Ah ! que je crains pour la pauvre Virginie !

Angélique. Nos Amants qui ne se doutoient point des embûches qu'on leur dressoit, ne prenoient point de mesures pour s'en défendre. Ils se voyoient deux ou trois fois la semaine, s'écrivoient des billets, lorsque la prudence les obligeoit à se séparer pour quelque temps l'un de l'autre, crainte de donner lieu à la médisance. Les lettres du Pere dont les expressions étoient fortes & tendres, acheverent de lui gagner tout-à-fait Virginie. Il la fut voir après huit jours d'absence, & remarqua à ses yeux & à sa contenance, qu'il en auroit ce qu'elle lui avoit toujours refusé auparavant. Cependant sa rivale n'étoit pas oisive ; car étant d'intelligence avec la mere Portiere, elle venoit d'apprendre l'arrivée du Jésuite ; & ne doutant point qu'après un si long intervalle, ils n'en vinssent à des privautés telles qu'elle les auroit souhaitées pour soi-même, elle se transporta animée de jalousie dans un lieu voisin du parloir, où par le moyen d'une petite ouverture qu'elle avoit faite, elle pouvoit découvrir jusqu'aux moindres mouvemens de ceux qui s'y entretenoient, & entendre leurs plus ſecrettes converſations.

Agnès. C'eſt ici que ma crainte ſe renouvelle. Ah ! que je veux de mal à cette curieuſe, de troubler ſi malicieuſement le repos de deux malheureux Amans.

Angélique. Afin que les dépoſitions qu'elle avoit deſſein de faire, de ce qu'elle verroit, fuſſent reçues ſans difficulté, elle prit une autre Religieuſe avec elle qui pût rendre un ſemblable témoignage. S'étant donc poſtées l'une & l'autre dans l'endroit dont je t'ai parlé, elles apperçurent nos deux Amans qui s'entretenoient plus par leurs regards & leurs ſoupirs, que par les paroles. Ils ſe ſerroient étroitement la main, & ſe regardant avec langueur, ils ſe diſoient quelques mots de tendreſſe, qui partoient plus de leur cœur que de leur bouche. Cette amoureuſe contemplation fut ſuivie de l'ouverture d'une petite fenêtre quarrée, qui étoit vers le milieu de la grille, & qui ſervoit à paſſer les paquets un peu gros dont on faiſoit préſent aux Religieuſes. Ce fut pour lors que Virginie reçut & donna mille baiſers, mais avec des tranſpo[illegible] ſi grands, avec des ſaillies ſi ſurprenantes, que l'amour même n'auroit pas pu en augmenter l'ardeur. Ah ! ma chere Virginie, dit notre paſſionné, vous voulez donc que nous en demeurions là. Hélas ! que vous avez peu de retour pour ceux qui vous aiment, & que vous ſavez bien l'art de les tourmenter : eh quoi ! reprit notre Veſtale, puis-je encore vous faire présent de quelque chose, après vous avoir donné mon cœur ? ah que votre amour est tyrannique ! je sai ce que vous désirez : je sai même que j'ai eu la foiblesse de vous le faire espérer ; mais je n'ignore pas que c'est tout mon bien & toute ma richesse, & que je ne puis vous l'accorder qu'en me réduisant à l'extrémité. Ne pouvons-nous pas, en demeurant dans les termes où nous sommes, passer ensemble de doux momens, & goûter des plaisirs d'autant plus parfaits, qu'ils seront purs & innocens ? Si votre bonheur, comme vous me le dites, ne dépend que de la perte de ce que j'ai de plus cher, vous ne pouvez être heureux qu'une seule fois, & moi toujours misérable, puisque c'est une chose qui ne se peut recouvrer, pour se laisser perdre comme auparavant. Croyez-moi, aimons-nous comme un frere aime une sœur, & donnons à cet amour toutes les libertés qu'il pourra s'imaginer, à l'exception d'une seule.

Agnès. Et le Jésuite ne répondoit-il point à tout cela ?

Angélique. Non, pendant tout ce discours il ne dit rien ; mais se soutenant la main, dans une posture mélancolique, il regardoit avec des yeux remplis de langueur celle qui lui parloit. Après quoi lui prenant la main au travers de la grille, il lui dit d'un air touchant : il faut donc changer de méthode, & n'aimer plus commo auparavant. Le pouvez-vous, Virginie ? pour moi je ne puis rien retrancher de mon amour : les

les regles que vous venez de me prescrire, ne peuvent être reçues d'un véritable amant. Il lui exagéra ensuite avec tant de feu l'excès de son ardeur, qu'il la déconcerta entiérement, & tira d'elle une promesse de vive voix de lui accorder dans quelques jours ce qui seul devoit le rendre parfaitement heureux. Il la fit pour lors approcher plus près de la grille, & l'ayant fait monter sur un siege assez élevé, il la conjura de lui permettre au moins de satisfaire sa vue, puisque toute autre liberté lui étoit défendue. Elle lui obéit après quelque résistance, & lui donna le temps de voir & de manier les endroits consacrés à la chasteté & à la continence. Elle de son côté voulut aussi contenter ses yeux par une pareille curiosité; & le Jésuite qui n'étoit pas insensible, en trouva aisément les moyens, & elle obtint de lui ce qu'elle desiroit avec plus de facilité qu'elle ne lui avoit accordé. Ce fut là le moment fatal de l'un & de l'autre, & celui que desiroient nos espionnes. Elles contemploient avec une satisfaction extraordinaire les plus beaux endroits du corps nud de leur compagne, que le Jésuite mettoit à découvert, & qu'il manioit avec les transports d'un amant insensé. Tantôt elles admiroient une partie, tantôt une autre, selon que le Pere officieux tournoit & faisoit changer de situation à son amante: tellement que quand il considéroit le devant, il leur exposoit en vue son derriere, parce que sa jupe d'un côté & d'autre étoit levée jusqu'à la ceinture.

Agnès. Il me semble que je suis présente à ce spectacle, tant tu en rapportes l'histoire naïvement.

Angélique. Enfin ils terminerent leurs badineries, & nos deux sœurs se retirerent, dans le dessein de couper le cours à ces amours mal conduites, & d'empêcher l'effet de la promesse de Virginie. Par un bonheur particulier pour cette pauvre innocente, la Religieuse que sa Rivale s'étoit associée dans la considération de ce qui s'étoit passé, avoit une amitié bien tendre pour elle, & tâcha à trouver un biais pour détruire le Jésuite, sans nuire à celle qu'elle chérissoit. Elle lui fit connoître ce qu'elle savoit d'elle, l'assura de ne rien faire à son préjudice, pourvu qu'elle lui promît de rompre entiérement avec ce Religieux, & de n'avoir pas à l'avenir la moindre communication avec lui. Virginie, toute honteuse de ce qu'elle apprenoit, s'engagea à tout ce qu'on voulut, demandant seulement avec instance que l'on conservât la réputation du Jésuite, parce qu'il étoit impossible de nuire à l'un sans porter dommage à l'autre. Elle protesta qu'elle ne vouloit plus le voir, & que ce billet qu'elle lui alloit écrire pour lui donner avis de ne plus revenir, seroit le dernier qu'il recevroit d'elle. Ces conditions furent reçues de toutes deux, quoiqu'avec peine. Elles embrasserent Virginie dont elles étoient devenues amoureuses, & dirent en la quittant qu'elles vouloient prendre la place du Pere, & lier une étroite amitié avec elle.

Agnès. Elle en étoit quitte à bon marché : je crois qu'elle devoit cette indulgence à sa beauté & à ses autres qualités qui la rendirent sans doute aimable à son ennemie même.

Angélique. Ce n'est pas encore ici la fin de notre histoire. Virginie écrivit donc promptement au Pere de Raucourt, & l'avertit par son billet de tout ce qui se passoit, & des conditions auxquelles elle s'étoit engagée, pour sauver son honneur & le sien. Elle lui remontra le danger où il s'exposeroit s'il revenoit pour la voir, & lui fit connoître qu'il étoit même impossible qu'elle reçût de ses Lettres, s'il ne se servoit d'une intrigue particuliere, pour éviter leurs surprises. Elle finissoit par des protestations d'un amour constant, & à l'épreuve de toutes les plus rudes attaques de la jalousie, & lui faisoit espérer que le temps pourroit dissiper cet orage qui les menaçoit, & les rendre plus heureux que jamais. Je ne dis point avec quelle surprise le Pere reçut & lut cette lettre : ce fut un coup de foudre qui le frappa ; il vit qu'il n'étoit pas à propos d'y faire réponse, & qu'il falloit céder au malheur qui s'opposoit à sa bonne fortune, dans le moment qu'il étoit prêt d'en jouir.

Trois semaines s'étoient déja passées de ce veuvage, lorsque Virginie s'ennuyant de sa solitude, trouva par une adresse merveilleuse le moyen d'apprendre des nouvelles de son amant, & de lui faire part des siennes. Elle feignit de s'être oubliée d'envoyer au Pere de Raucourt un bonnet carré qu'il lui avoit donné à faire du temps de leurs familiarités passées. Sa Rivale lui dit qu'elle eût à le lui remettre entre les mains, & qu'elle le feroit tenir par une Touriere. Cela fut fait : la Messagere fut avertie de la maniere qu'elle devoit parler ; elle s'acquitta de sa commission de point en point, & le Jésuite, après avoir reçu le bonnet, la pria d'attendre un moment dans l'Eglise, afin d'avoir lieu de penser à ce qu'il voyoit. Après un peu de réflexion, il se douta du stratagême, fit ouverture dans un endroit du bonnet, & y trouva une Lettre de Virginie : sans l'examiner beaucoup, il y fit promptement la réponse qu'il plaça dans le même lieu, qu'il ferma le mieux qu'il put avec deux ou trois points d'aiguille. Il revint joindre la Touriere qu'il pria de reporter le bonnet, afin qu'on le raccommodât, parce qu'il étoit de beaucoup trop étroit pour lui, qu'il l'avoit fait essayer à plusieurs de la maison, afin d'exempter la personne de la peine qu'elle auroit à le réformer, mais qu'il ne s'étoit trouvé aucun Pere à qui il fût propre, qu'au reste il lui étoit fort obligé de la patience qu'elle avoit eue à attendre si long-temps. La bonne Sœur répondit par ses révérences aux civilités du Pere, & remporta le bonnet quarré au Monastere : elle le remit, par l'ordre de celle qui l'avoit envoyée, entre les mains de Virginie, qui fut ravie d'y apprendre des nouvelles de celui qu'elle aimoit, & de ce que son artifice avoit si bien réussi.

Agnès. Il faut avouer que l'amour est bien inventif.

Angélique. Ce commerce dura plus d'un mois. Il y avoit toujours quelque chose à refaire à ce vénérable bonnet, de trois jours l'un il falloit le porter au College, & le rapporter au Monastere. Personne ne s'imaginoit néanmoins qu'il y eût rien de mystérieux dans une semblable chose: on n'y prenoit pas garde, & ils auroient pu encore se servir de ce postillon, sans l'accident qui le cassa au gage.

Agnès. Oh Dieu ! je m'imagine que le pot aux roses fut découvert par la Touriere.

Angélique. Non, tu te trompes : cela vint de ce qu'un jour de jeûne que le Portier des Jésuites étoit de mauvaise humeur, pour n'avoir peut-être pas vuidé sa roquille à l'ordinaire; la Touriere qui avoit une infinité de commissions, & entr'autres celle du bonnet, sonna deux ou trois fois à la porte du College, pour se décharger au plutôt de son message. Ce bon frere partit du jardin où il étoit, & étant arrivé hors d'haleine, pensant que ce fût quelqu'Evêque ou Archevêque, ou quelqu'autre Grandeur qui eût ainsi sonné en Maître, il fut bien surpris à la vue de la bonne Sœur qui n'avoit rien autre chose à lui dire, que de remettre le bonnet quarré entre les mains du Pere de Raucourt. Ce demi Cuistre rebattu par tant de visites qui ne lui plaisoient pas, s'emporta de colere, dit que ce bonnet là se promenoit trop souvent, & qu'il le mettroit en la disposition d'un homme qui lui feroit faire un peu de retraite. La Touriere s'excusant le mieux qu'il lui fut possible, se retira: & le Recteur qui attendoit un compagnon dans la porterie, pour sortir, ayant entendu le dialogue, appella le Frere, & voulut apprendre le sujet du différend, & pourquoi il traitoit ainsi rudement les personnes qui avoient affaire à ceux de la maison. Celui-ci se voyant chapitré de son Supérieur, lui dit tout ce qu'il pensoit de ce bonnet, l'assura qu'il avoit déja fait plus de vingt tours & retours du College au Monastere, que sans doute il y avoit quelque dessein caché dans ses manieres; & que s'il plaisoit à sa Révérence, il visiteroit cette piece qu'il disoit de contrebande : ce qu'il fit voir à l'instant, & d'un coup de ciseau, il fit voir le jour au quinzieme *Enfant du Bonnet quarré*, qui venoit en droite ligne de la Sœur Virginie.

Agnès. Oh Dieu ! qu'une personne a de peine à se sauver, quand un mauvais destin la poursuit, & qu'il a juré sa perte : qu'arriva-t-il de tout cela ?

Angélique. Il est arrivé que le Pere a été confiné dans une autre Province, & la pauvre Virginie a été mortifiée de quelques pénitences; & c'est delà qu'est venu le proverbe : « qu'il y » a bien de la malice sous le bonnet quarré d'un » Jésuite ».

Agnès. Ah Dieu ! C'étoit pour elle seule que j'appréhendois. Mais dis-moi comment céla vint à la connoissance de la Prieure ?

Angélique. Je serois trop long-temps à t'entretenir de la même chose. Dans la premiere conversation qui succédera à ma retraite, je t'en dirai davantage ſur ce ſujet ; je te ferai voir deux enfans du bonnet quarré, & t'apprendrai le ſort de leur Pere & Mere. Penſe ſeulement à préſent, ma plus chere, que je vais paſſer huit ou dix jours bien triſtement, puiſqu'il me ſera défendu d'avoir la moindre conférence avec toi. Je vais écrire à trois de mes bons amis, afin qu'ils te faſſent viſite pendant ce temps : il y a un Abbé, un Feuillant & un Capucin.

Agnès. Oh Dieu, quelle bigarrure ! & que voulez-vous que je faſſe avec tous ces gens-là que je ne connois point ?

Angélique. Tu n'as qu'à être obéiſſante, ils t'apprendront aſſez ce qui ſera de ton devoir pour les ſatisfaire, & pour te contenter. Tiens, voici un livre que je te prête ; fais-en un bon uſage : il t'inſtruira de beaucoup de choſes, & donnera à ton eſprit toute la quiétude que tu peux ſouhaiter. Baiſe-moi, ma chere Enfant, pour tout le temps que je ferai ſans te voir. Ah ! que je paſſerois ma retraite avec bien du plaiſir, ſi le directeur que j'aurai étoit auſſi aimable & auſſi docile que toi. Adieu mon cœur, habille-toi ; tiens ſécrettes toutes nos amitiés, & te prépare à me faire le récit de tous tes divertiſſemens, lorſque je ſerai ſortie de mes exercices.

Fin du premier Entretien.

LA NONE ÉCLAIRÉE, OU LES DÉLICES DU CLOISTRE.

SECOND ENTRETIEN.

Sœur ANGÉLIQUE : *Sœur* AGNÈS.

ANGÉLIQUE. Ah ! Dieu soit loué, je commence à respirer. Jamais je n'ai été plus accablée de dévotions, de mysteres & d'indulgences, que depuis que je t'ai quittée. Ah ! que je suis rebutée de toutes ces superstitions. Comment te portes-tu ? Tu ne me dis rien. Qu'as-tu à rire ?

Agnès. Je suis toute honteuse de paroître devant vous. Je m'imagine que vous savez déja jusqu'aux moindres particularités de tout ce qui s'est dit & passé dans votre absence.

E

Angélique. Et de qui aurois-je pu l'apprendre ? Tu te railles bien de moi. Viens en ma chambre, songe par où tu commenceras à m'en faire un fidele récit. Pour moi je sors des mains d'un Sauvage qui auroit mis au désespoir un esprit autrement tourné que le mien ; je veux dire de mon Directeur : c'est l'homme le plus bourru & le plus ignorant de son caractere. Je crois qu'il m'a fait gagner toutes les indulgences & les pardons qui ont jamais été accordés par les Papes, depuis Gregoire le Grand jusqu'à Innocent XI. Si je l'avois cru, je me serois mise le corps en sang, par les disciplines qu'il m'a ordonnées : ce n'est pas que je lui aie fait montre de beaucoup de malice dans les Confessions qu'il a entendues de moi ; mais c'est parce qu'il s'imagine que pour être aussi sec, aussi maigre & aussi décharné que lui, & que c'est assez que d'être un peu agréable, & d'avoir de l'embonpoint pour mériter toutes sortes de pénitences. Juge par-là comme j'ai passé mon temps, & si je n'ai pas eu sujet de m'ennuyer.

Agnès. Pour moi je te dirai que tu m'as donné des Directeurs qui ne m'ont guères moins fatiguée que le tien. Je ne sais pas si j'ai gagné avec eux des indulgences, mais je suis certaine que pour les gagner, beaucoup de personnes n'en font pas tant que nous en avons fait.

Angélique. Je n'en doute point ; mais dis-moi un peu des nouvelles de notre Abbé, & m'apprends s'il est capable de quelque chose.

Agnès. Ce fut lui que je vis le premier, & en qui j'ai trouvé plus de feu : il n'y a rien de plus vif & de plus animé, & il y a plaisir à l'entendre discourir. J'étois à la récréation d'après le dîner, lorsqu'on vint m'avertir qu'il me demandoit. Comme je savois que Madame étoit indisposée, je lui fis dire par la portiere qu'il allât au grand Parloir, & qu'il ne s'impatientât pas : je le fis bien attendre un bon quart-d'heure, parce que je changeai de voile & de guimpe, afin de paroître devant lui un peu proprement, & de tâcher à répondre à l'espérance qu'il avoit de voir une personne dont on lui avoit fait le portrait si avantageusement. A son abord je fis semblant de paroître un peu interdite, répondant fort sérieusement aux civilités qu'il me faisoit ; mais cela ne le démonta point : au contraire il prit delà occasion de me dire fort hardiment qu'il savoit qu'il étoit permis aux belles de parler d'un certain air indifférent qui seroit mal séant à d'autres, mais qu'il avoit lieu d'espérer que se présentant à la faveur de ma meilleure amie, sa visite ne pourroit m'être qu'agréable.

Angélique. Il passe pour avoir de l'esprit, & on peut dire que ses grands voyages, accompagnés de beaucoup d'expériences, ont ajouté à ses avantages naturels toute la perfection qui lui manquoit.

Agnès. Je ne sais point ce que tu lui as dit de moi ; mais je trouve qu'il s'avançoit beaucoup pour une premiere visite. Il tourna la conversation sur l'austérité des maisons Religieuses, & tâcha à me persuader par une infinité de raisons de ne point suivre le zele indiscret de la plupart, traitant de ridicules toutes celles qui mettoient sottement en usage toutes sortes de mortifications. Il me fit rire par le récit naïf de ce qui lui étoit arrivé en Italie avec une Religieuse de S. Benoît, de l'adresse dont il se servit pour la voir aussi souvent qu'il souhaitoit, & comme enfin il en reçut les faveurs qui devoient être le fruit de ses assiduités. Il m'assura qu'avant cette habitude, il avoit toujours cru qu'il n'y avoit que chez les Religieuses que la chasteté refugiée se conservoit, & qu'il étoit toujours persuadé que ces ames recluses vivoient dans une continence aussi parfaite que celle des Anges ; mais qu'il avoit bien reconnu le contraire, & que comme rien de parfait ne se gâte médiocrement, qu'une chose conserve dans sa corruption le même degré qu'elle avoit en sa bonté, il avoit remarqué qu'il n'y avoit rien de plus dissolu que toutes les Recluses & Bigotes, lorsqu'elles trouvoient l'occasion de se divertir. Il me montra un certain instrument de verre qu'il avoit reçu de celle dont je t'ai parlé, & m'assura qu'il avoit appris d'elle qu'il y en avoit plus de cinquante de la sorte dans leur maison, & que toutes, depuis l'Abbesse jusqu'à la derniere Professe, le manioient plus souvent que leurs Chapelets.

Angélique. Voilà qui est bien. Mais tu ne me dis rien pour ce qui te regarde.

Agnès. Que veux-tu que je te dise ? C'est l'homme du monde le plus badin. A la seconde visite qu'il me fit, je ne pus me dispenser de lui accorder quelque grace. Il opposa à toutes par des raisons une morale si forte & si artificieuse, qu'il me rendit tous mes efforts inutiles. Il me fit voir trois lettres de notre Abbesse, qui m'assuroient que quelque chose que je fisse, je ne pouvois marcher que sur ses pas. Elle a passé des nuits entieres avec lui, & ne le traite dans ses billets que d'Abbé de Beaulieu : je lui représentai que la grille étoit un obstacle insurmontable, & qu'il falloit de nécessité qu'il se contentât de légeres badineries, puisqu'il étoit impossible d'aller plus avant. Mais il me fit bien connoître qu'il étoit plus savant que moi, & me fit voir deux planches qui se levoient, une de son côté, l'autre du mien, & qui donnoient passage suffisant pour une personne. Il me dit que c'étoit par son conseil que Madame avoit fait disposer cela de la sorte, qu'elle l'avoit nommé *le détroit de Gibraltar*, & qu'elle lui disoit un jour qu'il ne falloit pas s'hasarder de le passer sans être bien muni de toutes les choses nécessaires, particuliérement si on avoit dessein de s'arrêter aux Colonnes d'Hercule. Après donc plusieurs contestations de part & d'autre, l'Abbé passa le détroit, & arriva au port où il fut reçu ; mais ce ne fut pas sans peine, & seulement après qu'il m'eût assurée que son entrée n'auroit point de mauvaises suites, je lui permis autant de séjour qu'il en falloit pour le rendre heureux : c'étoit le ſeptieme du mois d'Août, qui étoit un jour que Madame avoit coutume d'employer dans des grandes cérémonies, mais que ſon indiſpoſition l'avoit obligée à remettre juſqu'au mois prochain, ce qu'elle obſervoit ordinairement dans celui-ci. Il me dit qu'elle avoit créé la ſeconde année qu'elle fut Abbeſſe, un Ordre de Chevalerie qui n'étoit compoſé que de Prêtres, de Moines, d'Abbés, de Religieux & de perſonnes Eccléſiaſtiques ; que ceux qui y étoient admis, faiſoient ſerment de garder le ſecret de l'Ordre, & s'appelloient *les Chevaliers de la Grille*, ou *de Saint Laurent* ; que le collier qui leur étoit donné le jour de leur réception, étoit compoſé des chiffres de Madame, entrelaſſés dans des lacs d'amour, & qu'au bas pendoit une Médaille d'or, repréſentant le Patron de l'Ordre couché tout nud ſur une grille au milieu des flammes, avec ces paroles : *Ardorem craticula fovet*, c'eſt-à-dire, *la Grille augmente mes feux*. Il me montra le collier qu'il avoit reçu ; & après quelques préſens qu'il me fit de Livres curieux, nous nous ſéparâmes l'un & l'autre juſqu'à nouvelle entrevue.

Angélique Tu ne m'as rien appris de nouveau touchant l'Ordre établi par Madame. M. l'Evêque de *** en eſt le premier Chevalier, l'Abbé de Beaumont le ſecond, l'Abbé du Prat le troiſieme, le Prieur de Pompiere le quatrieme ; voilà les principaux & les premiers en date. Ils ſont ſuivis de Jéſuites, de Jacobins,

Auguſtins, Carmes, Feuillans, Peres de l'Oratoire & du Provincial des Cordeliers, tellement qu'à la derniere promotion qui ſe fit l'an paſſé, le nombre étoit de vingt-deux. Mais il eſt à remarquer qu'il y a beaucoup de différence entr'eux, & qu'ils ne peuvent jouir tous de pareils privileges. Il y en a qui s'appellent *les Cordons bleus*, & ce ſont ceux qui ſont tout-puiſſans, qui ont le ſecret de l'Ordre, & qui diſpoſent des affaires de Madame, comme Madame conduit les leurs. Pour ce qui eſt des autres, leur pouvoir eſt limité; il y a des bornes qu'ils ne peuvent pas paſſer, & ils n'ont guere plus d'avantage que les aſpirans, juſqu'à ce que par leur zele, leur prudence & leur diſcrétion, ils ſe ſoient rendus dignes d'être de la grande profeſſion. De tous les Moines, les ſeuls Capucins en ſont exclus, parce que cette barbe qui les déguiſe tant, les a rendus odieux à notre Abbeſſe qui dit qu'elle ne peut s'imaginer qu'une perſonne du ſexe puiſſe vouloir du bien à ces Satyres. Mais à propos, dis-moi des nouvelles du Pere Vital de Charenton.

Agnès. Je n'aurois jamais cru, auſſi bien que Madame, qu'un Capucin eût été capable d'une galanterie, ſi celui-là ne m'en eût perſuadée par ſa conduite. Il me vint voir trois jours après notre Abbé, nous allâmes dans le parloir de Saint Auguſtin, & ce fut-là où il me débita plus de fleurettes que je n'en aurois pu attendre d'un courtiſan de profeſſion. Il parla au reſte ſi hardiment, que j'avois honte d'entendre ſortir de la bouche d'un homme, dont l'habit & la barbe ne prêchoient que la pénitence, des paroles au commencement un peu libres; mais dans la fin les plus dissolues que le plus grand débauché puisse mettre en usage. Je ne pus m'empêcher de lui marquer mon étonnement, & de lui faire connoître qu'il y avoit de l'excès dans ses transports, ce qui fit qu'il y apporta un peu de modération. Il m'a rendu trois visites pendant ta retraite, & la derniere, il obtint peu de choses de moi, parce que le parloir où nous étions, n'avoit pas les commodités de l'autre. Je te dirai seulement qu'il m'apprêta bien de quoi rire, en ce qu'ayant par ses efforts ébranlé une barre de fer de la grille, & croyant s'être fait un chemin assez large pour y passer, il s'y hasarda malgré moi; mais il n'en put venir à bout, d'autant qu'ayant passé la tête & une des épaules avec bien de la difficulté, son capuchon s'accrocha à une des pointes du dehors, tellement qu'il avoit beau se remuer, il ne pouvoit se débarrasser de ce piege. Je ne pouvois le contempler dans cette posture sans éclater de rire. Je le fis promptement repasser de son côté, & lui fis remettre la grille dans son premier état. Il me donna trois livres dont il m'avoit parlé dans sa premiere visite, & se retira mal satisfait de son aventure.

Angélique. Je suis fâchée de ce désordre, car sans doute cela l'aura rebuté.

Agnès. Rebuté, bon Dieu! vraiement, c'est bien un homme à se rebuter, il n'y a rien de plus

plus effronté que lui : oh ! qu'il fera ici avant la fin de la semaine. Il m'a promis le *Recueil des Amours secrettes de Robert d'Abrissel.* Il m'en commença l'histoire, mais je la crois fausse & controuvée à plaisir.

Angelique. Tu te trompes, il n'y a rien de plus véritable ; & plusieurs graves Auteurs écrivent qu'il avoit coutume de coucher avec ses Religieuses, afin de les éprouver, & de remarquer en même-temps dans sa personne, jusqu'où pouvoient aller les forces de la vertu qui combat les tentations de la chair. Il croyoit beaucoup mériter par-là ; & c'est ce qui a donné lieu à Godefroy de Vandôme, de traiter cette dévotion de plaisante & de ridicule, dans une lettre qu'il écrit à Saint Bernard, où il appelle cette ferveur un nouveau genre de Martyre : cela a empêché jusqu'à présent que cet homme n'ait été mis au rang des Saints par la Cour de Rome. On le traite néanmoins de bienheureux.

Agnès. Il faut avouer qu'il y a bien des abus qui se pratiquent dans notre Religion, & je ne suis plus surprise de ce que tant de Peuples s'en sont séparés pour s'attacher littéralement aux Ecritures. Le Pere Feuillant que je vis pendant ta retraite, me fit remarquer visiblement tous les endroits défectueux du gouvernement présent, pour ce qui regarde la Religion : c'est un homme qui, pour sa jeunesse, (car il n'a que vingt-six ans) possede toutes les sciences qui peuvent rendre une personne accomplie, de quelque caractere qu'elle soit. Il parle universellement de toutes choses, mais avec un air dégagé & qui n'a rien de pédantesque.

Angélique. Je vois bien qu'il te plut; il est bien fait & beau garçon. Pour moi, je ne l'appellois que *mon grand Blanc.* En quel parloir le vis-tu?

Agnès. Je l'ai vu deux fois. La premiere ce fut dans le Parloir de S. Joseph, & la derniere dans celui de Madame.

Angélique. Bon, bon, c'est-à-dire, qu'il passa *le Détroit.* Il le mérite bien, & il y a plaisir à lui voir faire son personnage.

Agnès. Il me donna deux petites phioles d'éssence qui ont une odeur merveilleuse. Il étoit parfumé depuis les pieds jusqu'à la tête, & avec un vermeil si animé, que je le soupçonnai d'abord de s'être servi du petit pot; mais je reconnus le contraire dans la suite, & vis que le rouge ne procédoit que de l'ardeur de sa passion, & de ce qu'il avoit le poil fraîchement fait. Son entretien & ses badineries me plurent infiniment, & je n'eus pas de peine à lui accorder le passage que j'avois tant disputé à notre Abbé. Je lui représentai seulement qu'il y avoit sujet de craindre que les sottises que nous faisions tous deux, ne fussent suivies d'une troisieme. Je vous entends, reprit-il, il tira en même-temps un petit livre de sa poche qu'il me donna; il avoit pour titre : *Remedes doux & faciles contre l'embonpoint dangereux.* Il me dit qu'il m'apprendroit ce que j'aurois à faire dans une pareille occasion. Il me mit dans la bouche un morceau de conserve que je ne trouvai point de mauvais goût ; je ne sais pas si elle renfermoit quelque vertu secrette, mais aussi-tôt il se mit en état d'arriver aux Colonnes d'Hercule.

Angélique. C'est-à-dire, que le grand Blanc gagna ton cœur.

Agnès. Assurément qu'il le partagea avec l'Abbé. Je ne puis te dire à qui je pourrois donner la préférence. Une seule chose me choqua dans le Feuillant, c'est que lui ayant vu au col un Reliquaire de vermeil doré qu'il portoit sur son cœur, j'eus la curiosité de l'ouvrir ; mais je fus bien surprise de ne trouver rien autre chose que des cheveux & du poil de différentes couleurs, divisés dans des compartimens figurés & très-bien faits. Il m'avoua que c'étoit-là des faveurs de toutes ses Maîtresses, & me pria de favoriser aussi sa dévotion, & que le plus bel endroit serviroit à placer ce que je lui ferois la grace de lui accorder. Que veux-tu ? Je le satisfis. J'oubliois à te dire qu'il y avoit en caracteres d'or cette inscription au milieu d'un crystal qui couvroit toute cette belle marchandise, *Reliques de Sainte Barbe.* Sur le dessus du Reliquaire, on voyoit gravé un Cupidon dans un trône, & le Quidam prosterné à ses pieds, avec ces paroles que j'ai bien retenues, quoiqu'elles soient latines : *Ave lex, Jus Amor.* Je le blâmai de cette irrévérence que je traitai d'impiété, mais il ne fit que s'en rire, & dit qu'il ne pouvoit refuser des cultes à celles qui méritoient toutes sortes d'adorations, & que si je savois déchifrer sept autres lettres qui étoient de l'autre côté, je ferois bien plus d'exclamations. En effet ayant regardé, je vis les sept lettres suivantes, A. C. D. E. D. L. G. Il ne voulut jamais m'en donner l'intelligence, quelqu'instance que je pusse faire. Je fis semblant d'en être fâchée, mais il s'apperçut bien que je ne lui voulois pas grand mal : c'est pourquoi il m'embrassa de nouveau, & nous prîmes congé l'un de l'autre.

Angélique. Je suis ravie, ma chere enfant, que toutes choses soient allées selon mes souhaits : ce n'est qu'un échantillon de ce que je veux faire pour toi; & je te ménagerai la connoissance d'un Jésuite à qui sans doute tu donneras le prix, & avoueras qu'il aura emporté l'avantage sur tous les autres. Mais il est jaloux de ses habitudes jusqu'à l'excès, c'est l'unique défaut que tu pourras trouver en lui. Au reste bel homme, galant, beau parleur, & qui n'ignore rien de ce qui peut venir à la connoissance d'une personne.

Agnès. Cette imperfection est assez grande, pour que je ne puisse m'accommoder avec lui.

Angélique. Eh pourquoi? Tu auras bien de la peine à trouver un homme qui aime véritablement, & qui ne soit pas jaloux. Je me souviens d'avoir connu un Bénédictin qui croyoit que toutes les Religieuses de S. Benoît ne pouvoient en avoir d'un autre Ordre sans injustice, & qu'elles déroboient à lui & à ses Confreres toutes les faveurs qu'elles accordoient aux Capucins ; & voici comme il raisonnoit : on ne peut pas douter que les hommes qui sont en religion, ne soient sujets aux mêmes passions & mouvemens que ceux qui sont dans le monde. C'est dans cette vue, disoit-il, que les Fondateurs des Ordres qui étoient fort éclairés, n'ont point élevé de Cloîtres pour ceux de leur sexe, qu'ils n'en aient en même-temps bâti pour les filles, afin que sans avoir recours aux Etrangers, ils pussent les uns & les autres se soulager de temps en temps de la rigueur de leurs vœux. Dans les commencemens, cela se pratiquoit selon l'intention des Instituteurs, ce qui faisoit qu'il n'y avoit aucun scandale ; mais à présent ces lieux se sentent de la corruption générale. On voit sans peine le Bernardin avec la Jacobine ; le Cordelier avec la Bénédictine ; & de cette confusion horrible, il ne peut naître que des monstres.

Agnès. Cette pensée étoit assez plaisante.

Angélique. Hélas ! s'écrioit-il, que diroient tous ces saints Fondateurs, à la vue de tant d'adulteres, s'ils revenoient sur la terre ! que de foudres, que d'anathêmes ils fulmineroient contre leurs propres enfans ! S. François ne renverroit-il pas les Capucins aux Capucines, les Cordeliers aux Cordelieres ; S. Dominique, S. Bernard & tous les autres ne remettroient-ils pas tous ces dévoyés dans le premier chemin de leurs regles & de leurs constitutions ? c'est-à-dire, les Jacobins aux Jacobines, les Feuillans aux Feuillantines. Mais que deviendroient les Jésuites & les Chartreux, lui dis-je; car S. Ignace ni S. Bruno n'ont point dressé de regle pour le sexe. Oh! que cet Espagnol, reprit-il, y a bien pourvu : il a fait cela exprès, afin qu'ils eussent lieu d'aller impunément par-tout; outre que suivant sa fantaisie qui étoit un peu Pederaste, il les a mis dans des emplois où ils trouvent parmi la jeunesse des momens de satisfactions qu'ils préferent à tous les divertissemens des autres.

Pour les Chartreux, continua-t-il, comme la retraite leur est étroitement ordonnée, ils cherchent dans eux-mêmes le plaisir qu'ils ne peuvent pas aller prendre chez les autres; & par une guerre vive & animée, ils viennent à bout des plus rudes tentations de la chair. Ils réiterent le combat tant que leur ennemi leur fait de la résistance : ils y emploient toute leur vigueur, & nomment ces sortes d'expéditions, *la Guerre de cinq contre un*. Eh bien ! le Disciple de Saint Benoît ne parloit-il pas savamment ?

Agnès. Assurément, j'aurois pris plaisir à l'entendre.

Angélique. Il n'y a rien de plus certain que si cela se pratiquoit, & que dans le désordre même on suivit quelque réglement, tout en iroit mieux. Il y a un an qu'une jeune Religieuſe n'auroit pas été ſi malheureuſe comme elle a été depuis, ſi elle eût fait avec le Provincial de ſon Ordre, ce qu'elle fit avec celui d'un autre. Tu as peut-être entendu parler de la Sœur Cecile & du Pere Raymond.

Agnès. Non : apprends-moi ce que tu en ſais.

Angélique. La Sœur Cecile eſt une Religieuſe de l'Ordre de S. Auguſtin, & le Pere Raymond étoit pour lors Provincial des Jacobins. Je ne te dirai point de quelle maniere il s'inſinua dans l'eſprit de cette innocente, qui avoit été inacceſſible à tout autre auparavant; mais tu ſauras ſeulement qu'il ſe l'acquit tellement, que jamais amitié n'a été plus étroite; & ils ne pouvoient être un moment ſans ſe voir, ou ſans recevoir des nouvelles l'un de l'autre. On s'apperçut dans la Communauté de cet engagement, & le Provincial Auguſtin qui gouvernoit cette maiſon, en ayant eu avis, fut au déſeſpoir, parce que jamais il n'avoit pu rien faire auprès d'elle, quoiqu'il eût tâché par toutes ſortes de moyens de la corrompre : c'étoit la plus belle de ce Monaſtere. Etant ainſi choqué au vif, il écrivit à la Supérieure, & lui donna ordre d'avoir les yeux ſur les comportemens de Cecile. Il fut facile à cette Gardienne de découvrir bientôt quelques ſottiſes, parce que perſonne ne ſe tenoit ſur ſes gardes : ce n'étoit néanmoins que des badineries; mais c'en étoit toujours aſſez pour donner lieu à un jaloux qui avoit le pouvoir en main, de maltraiter une pauvre Religieuse. Il n'en forma pourtant pas le dessein, mais se proposa de se servir de cette occasion, pour avoir d'elle ce qu'il n'en avoit pu obtenir auparavant. Il lui écrivit à elle-même, afin de ne point éclater, & lui défendit la grille jusqu'à son arrivée. Il étoit éloigné de vingt lieues.

Agnès. Mais pouvoit-on produire des preuves contr'elle, qu'elle eût fait quelque chose de notable ?

Angélique. Oh ! qu'on sait bien le moyen d'en trouver, n'en fût-il point, quand on a dessein de perdre une personne. Mais tout le mal ne vient que de ce qu'elle fut mal conseillée. Le Provincial étant donc arrivé, lui dit que c'étoit sur les informations qu'il avoit eues de sa mauvaise conduite, qu'il s'étoit transporté sur les lieux ; que c'étoit une chose honteuse qu'une jeune Religieuse comme elle s'abandonnât à des actions qui ne pouvoient être nommées pour leur infamie, & qu'il avoit bien du déplaisir de se voir obligé à en faire une punition exemplaire. Cecile qui n'étoit coupable devant les hommes que de quelques badineries, comme regards & attouchemens, dit qu'il étoit vrai qu'elle avoit vu fort souvent le Pere Raymond dont on lui parloit ; mais qu'elle savoit aussi qu'elle n'avoit rien fait avec lui qui méritât une notable repréhension ; qu'elle lui avoit donné son congé aussi-tôt qu'elle en avoit reçu les ordres, & qu'elle avoit fait voir par-là qu'il n'y avoit rien de fort étroit dans cet

engagement.

engagement. Le Provincial, pour arriver à son but, changeant de discours, lui parla dans des termes plus doux qu'auparavant, & lui représenta que s'il lui arrivoit quelque mortification, elle en seroit elle-même la cause ; qu'elle pouvoit remédier au désordre qu'elle avoit causé, & qu'il lui étoit très-facile de se parer des corrections rigoureuses qui ne pouvoient lui manquer, si elle ne se servoit des avantages qu'elle possédoit. Il la prit en même-temps par la main qu'il lui serra amoureusement, en la regardant avec un souris qui devoit lui faire connoître la disposition du cœur de son Juge.

Agnès. Ne se servit-elle pas de ce qu'elle pouvoit avoir d'engageant, pour se tirer du danger où elle étoit ?

Angélique. Non : elle prit une conduite toute opposée à celle qu'elle devoit suivre : elle s'imagina que c'étoit pour l'éprouver, que son Provincial lui parloit de la sorte, & qu'il n'avoit point d'autre dessein que de juger par sa foiblesse, de ce qu'elle avoit été capable de faire avec l'autre. Sur ce mauvais fondement, elle ne répondit à celui qui brûloit d'amour pour elle, que par des froideurs & des paroles plus qu'indifférentes qui changerent le cœur de ce passionné, & qui d'un tendre Amant en firent un Juge implacable. Il procéda donc selon les formes à l'instruction du Procès de Cecile ; il reçut les dispositions que la jalousie & la flatterie mirent dans la bouche de plusieurs de ses Compagnes ; & condamna cette pauvre enfant à être fouettée jusqu'au sang, à jeûner dix Vendredis au pain & à l'eau, & à être excluse du parloir pendant six mois. Tellement qu'on peut dire qu'elle fut punie pour avoir été trop sage, & pour ne s'être pas laissée corrompre à la brutalité de son Supérieur.

Agnès. Oh! Dieu, que cela me touche : je regarde cette Religieuse comme une innocente victime immolée à la rage d'un furieux ; & je ne fais point de différence entre elle & les onze mille Vierges.

Angélique. Tu as raison ; car on dit que celles-ci furent égorgées pour n'avoir pas voulu satisfaire la passion d'un homme, & celle-là n'a été outragée que par la même raison. Comme il n'y a point d'animal au monde plus luxurieux qu'un Moine ; il n'en est point aussi de plus malin & de plus vindicatif, lorsqu'on méprise son ardeur. J'ai lu sur ce sujet une Histoire d'un maudit Capucin, dans un Livre qui avoit pour titre : *le Bouc en chaleur.* Mais à propos, dis-moi un peu, quels sont les Livres que tu as reçus pendant ma retraite?

Agnès. Très-volontiers, il y en a d'assez plaisans.

En voici le Catalogue.

La Chasteté féconde, nouvelle curieuse.

Le passe-par-tout des Jésuites, piece galante.

La prison éclairée, ou l'ouverture du petit Guichet, le tout en Figures.

Le Journalier des Feuillantines.

Les Prouesses des Chevaliers de Saint Laurent.

Regles & Statuts de l'Abbaye de Cogne au fond.

Recueil des Remedes contre l'embonpoint dangereux, composé pour la commodité des Dames Religieuses de Saint Georges.

L'Extrême-Onction de la Virginité mourante.

L'Orviétan Apostolique, composé par les quatre Mendians ; *ex præcepto sanctissimi.*

Le Coupe-cu des Moines.

Le Passe-temps des Abbés.

La Guerre des Chartreux.

Les fruits de la vie inutile, &c.

Je crois, si je ne me trompe, que je n'en oublie aucun dans cette Liste. J'ai déja fait la lecture de cinq ou six qui m'ont infiniment plu.

Angélique. Certes, ils t'ont fait présent d'une Bibliotheque toute entiere. Si le dedans répond au dehors, comme je n'en doute point, ces Livres doivent être fort divertissans. Tu as là de quoi perfectionner ton esprit, & te rendre telle que tu dois être, c'est-à-dire, universelle en toutes sciences ; car il en est qui, au milieu de beaucoup de lumieres, conservent encore des doutes qui leur font quelquefois de la peine, & dont les visites sont souvent dangereuses. Je te veux dire une Histoire sur ce sujet, qui est arrivée dans l'Abbaye de Chelles.

Agnès. Il faut que vous ayez des intrigues merveilleuses, pour apprendre tout ce qui se passe de plus secret dans tous les Monasteres.

Angélique. Tu sauras que l'Abbesse de cette maison étant d'un naturel fort chaud, avoit coutume de prendre le bain tous les Etés pendant quelques semaines. Il étoit dressé selon l'ordonnance de son Médecin, qui, pour le faire trouver meilleur, prescrivoit une regle & une méthode particuliere à observer, sans laquelle il devoit être inutile. Il falloit le soir de la veille qu'on le devoit prendre, le préparer entiérement, & laisser reposer l'eau toute la nuit jusqu'au lendemain, qu'on pouvoit à certaines heures se mettre dedans ; les odeurs & les essences n'y étoient point épargnées : on les y répandoit avec profusion; & tout ce qui pouvoit flatter la sensualité de Madame, entroit dans sa composition.

Agnès. Ce sont les Médecins, qui, par une fausse complaisance, entretiennent ainsi le foible des personnes.

Angélique. Quoiqu'il en soit, une jeune Religieuse de la maison, appellée Sœur Scolastique, & de l'âge de dix-huit ans, voyant tous ces grands préparatifs pour Madame, & s'appercevant que le bain étoit en état, dès le soir forma le dessein, tant pour se soulager de l'incommodité de la saison, que de sa chaleur intérieure qui n'étoit pas médiocre, de se servir de l'occasion, & de faire tous les soirs l'épreuve de ce salutaire Lavabo. En effet, elle n'y manqua pas pendant huit jours, & trouva que cela donnoit du lustre à son embonpoint, & qu'elle en reposoit mieux. Elle sortoit de sa chambre sur les neuf heures, & presque nue en chemise s'en alloit dans le lieu où tout étoit disposé : elle se défaisoit bientôt de sa jupe & de sa chemise ; & ainsi toute nue, se mettoit dans la cuve, où elle se nétoyoit & se frottoit de tous côtés, d'où elle sortoit après aussi nette, aussi pure, & aussi belle qu'étoit Eve dans le Paradis Terrestre durant l'état de son innocence.

Agnès. Ne fut-elle point découverte ?

Angélique. Tu l'apprendras présentement. Un soir que Scolastique se rafraîchissoit à l'ordinaire, une ancienne qui n'étoit pas encore endormie, ayant entendu marcher dans le dortoir à une heure que, selon la coutume, toutes les Religieuses doivent être retirées, sortit de sa chambre ; & après avoir cherché inutilement la personne qu'elle avoit entendue, elle entra dans le lieu où l'on prenoit le bain, où elle y apperçut aussi-tôt au clair de la Lune, une Religieuse toute nue, qui s'essuyoit avec une serviette, étant prête de prendre sa chemise. La bonne vieille pensant que c'étoit l'Abbesse, se retira promptement en demandant excuse de s'être ainsi avancée. Scolastique qui ne répondit rien, connut bien que cette bonne Mere s'étoit trompée & l'avoit prise pour une autre. Elle s'en alla après avoir donné le temps à l'autre de se retirer, & ne pensa plus à y revenir une autre fois, de crainte d'être découverte.

Agnès. Eſt-ce là où tout ſe termina ?

Angélique. Non; les feſſes de la pauvre Scolaſtique en auroient été bien aiſes.

Agnès. Comment ? cette belle enfant reçut-elle quelque déplaiſir ?

Angélique. La vénérable Mere dont je t'ai parlé, ayant réfléchi le matin ſur ce qu'elle avoit vu le ſoir précédent, crut qu'il étoit à propos d'aller trouver Madame, & de lui faire des excuſes particulieres de ce qu'elle auroit pu attribuer à une mauvaiſe curioſité; ce qu'elle fit malheureuſement. Cela ſurprit tout-à-fait l'Abbeſſe, & lui fit croire qu'elle n'avoit eu que les reſtes & les égouts de quelque infirme de ſa Communauté. Elle en parla le lendemain dans ſon chapitre, & commanda en vertu de *Sainte Obédience*, à celle qui s'étoit miſe dans le bain de le déclarer; mais pas une de la compagnie ne parla. Scolaſtique n'étoit pas des plus ſcrupuleuſes, & avoit de l'eſprit : c'eſt pourquoi elle ſe tut. Ce ſilence général mit l'Abbeſſe au déſeſpoir : elle crie, elle fulmine; elle menace tout le monde, mais inutilement. Enfin par le conſeil d'un Moine, elle pratiqua un plaiſant ſtratagême : elle fit aſſembler toutes ſes Religieuſes, & leur repréſenta qu'il y en avoit une d'entr'elles excommuniée, & dans l'état de damnation, pour n'avoir pas révélé ce qui lui avoit été commandé de dire, *en vertu de la ſainte Obédience* : qu'un ſaint & ſavant homme lui avoit donné un moyen sûr & infaillible de la découvrir ; mais qu'elle lui permettoit encore de parler , & d'éviter par ce moyen les rudes pénitences qu'elle s'attireroit par sa désobéissance formelle.

Agnès. Oh Dieu ! que dans cet embarras je crains pour la pauvre Scolastique ; car tous les conseils des Moines sont toujours pernicieux.

Angélique. Madame voyant que cette derniere contrainte avoit été sans effet , elle suivit l'avis qui lui avoit été donné : elle fit parer une table dans une chambre d'un drap mortuaire ; elle fit mettre au milieu un Calice de la Sacristie. Cela étant ainsi disposé , elle commanda à toutes ses filles d'entrer l'une après l'autre dans ce lieu , & de toucher avec la main le pied du Vase sacré (c'est ainsi qu'elle parloit) qui étoit exposé sur la table ; que par ce moyen elle connoîtroit celle qui s'étoit jusques-là tenue cachée, parce qu'elle n'auroit pas plutôt mis les doigts sur cette coupe sacrée , que la table tomberoit par terre , & découvriroit par une vertu secrette d'enhaut celle qui seroit la coupable. Cela se fit sur les neuf heures du soir , & dans l'obscurité : elles entrerent donc toutes dans cette chambre , & toucherent le pied du Calice avec la main. Scolastique fut l'unique qui n'osa le faire , de crainte d'être décelée , & toucha seulement le tapis. Après quoi elle se retira avec les autres dans une seconde chambre qui étoit aussi sans lumiere , d'où l'Abbesse les fit venir à soi l'une après l'autre, quand toute la cérémonie fut faite. Or il est à remarquer qu'elle avoit noirci le pied du Calice avec de l'huile & du noir de fumée; tellement qu'il étoit impossible d'y toucher sans en porter les marques. Ayant donc allumé une chandelle dans la chambre où elle étoit, elle considéra les mains de toutes ses Religieuses, & reconnut que toutes avoient touché la Coupe, excepté Scolastique, qui n'avoit aucune noirceur aux doigts, comme les autres de la Communauté. Cela lui fit juger que c'étoit elle qui avoit fait la faute. Cette pauvre innocente se voyant ainsi trompée par un faux artifice, eut recours aux larmes & aux excuses, & elle en fut quitte pour un couple de disciplines qu'elle reçut devant toute la compagnie. Eh bien! ce fut seulement cet extérieur de Religion dont on se servoit avec impiété qui lui fit peur; & si elle avoit fait un peu de réflexion sur l'impossibilité qu'il y avoit de la découvrir par un si ridicule artifice, elle ne l'auroit pas été.

Agnès. Il est vrai; mais l'Abbesse devoit pardonner à sa beauté & à sa jeunesse.

Angélique. Elle le pouvoit; mais elle ne le fit pas, & même j'ai oui dire que la premiere discipline qu'elle lui ordonna, dura près d'un quart-d'heure. Juge delà en quel état pouvoient être les fesses de cette belle enfant.

Agnès. Elles étoient sans doute à peu près comme les miennes, lorsque je te les fis voir. S'il ne dépendoit que de moi, je condamne-

rois

tois à de perpétuelles galeres le maudit conseiller de l'Abbesse ; & si cela m'étoit ainsi arrivé, je dresserois tant d'embûches à ce Moine, par le moyen de quelques amies du dehors, que je le ferois repentir de son stratagême.

Angélique. Crois-tu que s'il eût pensé que Scolastique eût dû être châtiée pour cela, qu'il y auroit servi ? Non : il s'imaginoit, aussi bien que l'Abbesse, que c'étoit quelque vieille ou quelqu'infirme qui avoit été surprise, & c'est ce qui faisoit mal au cœur à Madame, de s'être, comme elle croyoit, lavée dans les ordures de telles personnes.

Agnès. Pour moi je crois qu'elle fut soulagée, quand elle connut que c'étoit Scolastique qui s'étoit mise dans son bain, parce qu'on ne se dégoûte pas d'une jeune fille, propre & bien faite, comme tu me l'as représentée. La pénitence qu'elle reçut, me fait penser à celle de Virginie, & aux Enfans du bonnet quarré du Jésuite.

Angélique. Il faut que je t'en fasse voir deux que j'ai dans ma cassette : il y en a un du Pere de Raucourt, & l'autre de Virginie : tiens, fais la lecture de celui-ci.

Agnès. Voici quasi un caractere de fille, tout en paroît négligé.

» Ah Dieu ! ma chere enfant, que ce com» merce de Lettres commence à m'ennuyer : il » ne fait qu'augmenter mes feux, & il ne les » soulage aucunement : il m'apprend que Vir» ginie me veut du bien, mais il me marque » aussi-tôt qu'il m'est impossible d'en jouir. Ah !

» que ce mêlange de douceur & d'amertume » cause d'étranges mouvemens dans un cœur » fait comme le mien : j'avois bien oui dire » que l'amour donne quelquefois de l'esprit à » ceux qui en étoient dépourvus : mais je res- » sens chez moi un effet tout contraire, & je » puis dire avec vérité qu'il m'ôte ce qu'il pré- » sente aux autres. Plusieurs s'apperçoivent de » ce changement, mais ils en ignorent la cau- » se. Je prêchai hier chez les Religieuses de la » Visitation : jamais je n'y ai été plus animé : » je devois conformément à mon sujet entre- » nir la compagnie de la mortification & de la » pénitence, & je n'ai parlé dans tout mon dis- » cours que d'affections, que de tendresses, que » de saillies & transports, c'est vous, Virginie, » qui causez tout ce désordre. Prenez-donc » compassion de mon égarement, & travaillez » à trouver promptement le moyen de me re- » mettre dans mon bon sens. Adieu. «

Angélique. Eh bien, Agnès ! que dis-tu de cet enfant fait à la hâte ?

Agnès. Je le trouve digne de son Pere, & capable, tout nud qu'il est d'habit & d'ornement, de se conserver seulement un cœur qu'il possede, mais d'y exciter de nouveaux mouvemens.

Angelique. Tu as raison ; car en amour, le style le plus négligé est toujours le plus persuasif, & souvent toute l'éloquence d'un Orateur ne pourroit faire naître dans une ame ces doux transports qui ne sont que les effets d'un terme peu relevé, mais expressif. C'est une vérité dont je puis rendre témoignage, puique je l'ai éprouvé plusieurs fois dans moi-même. Mais voyons un peu si Virginie s'exprime aussi bien que son amant.

Agnès. Donnes-moi la Lettre que j'en faise la lecture.

Angélique. Tiens, la voilà : c'est plutôt un Billet qu'une Lettre ; car le tout n'est composé que de cinq ou six lignes.

Agnès. Son caractere n'est gueres différent du mien.

» Ah ! que vous êtes artificieux dans vos » paroles, & que vous savez bien troubler le » peu de repos qui reste à une innocente qui » vous aime ! Pouvez-vous avec raison, me » demander, si je pense en vous ? Hélas ! mon » cher, consultez-vous vous-même, & croyez » que nous ne pouvons tous deux être animés » d'une même passion, sans ressentir de pareil- » les atteintes. Adieu, songez à la rupture de » nos chaînes, l'amour me rend capable de » toute entreprise. Ah ! qu'il me cause de foi- » blesse. Adieu. «

Angélique. N'est-il pas vrai que tu trouves ce Billet bien plus tendre que la Lettre ?

Agnès. Assurément, on peut dire qu'il est tout cœur, & que deux ou trois périodes expriment autant la disposition de l'ame d'une Amante, que le feroient deux pages d'un Roman. Mais je ne vois pas que ce soit une réponse à celle que nous avons lue du Pere de Rancourt.

Angélique. Non, ce n'en est pas une ; c'est celle d'une autre qu'on n'a pas envoyée.

Agnès. Le malheur de ces deux pauvres Amans me touche; ſur-tout je porte une extrême compaſſion aux déplaiſirs de Virginie; car ſans doute elle paſſe le tems à préſent dans beaucoup de chagrin, & mene une vie bien ennuyeuſe.

Angelique. Si elle n'eût point conſervé les Lettres & les Billets qui lui étoient adreſſés, elle ne ſeroit pas ſi malheureuſe; car on n'auroit pas découvert le deſſein qu'elle avoit de ſortir du Monaſtere.

Agnès. C'eſt donc ſans doute de cela qu'elle parle, quand elle dit dans ſon Billet, *penſez à la rupture de nos chaînes.* Je n'aurois pas donné le véritable ſens à ces paroles. Oh! qu'elle auroit été malheureuſe, la pauvre Enfant, ſi elle eut fait cette méchante démarche: Hélas! de quoi l'amour n'eſt-il point capable quand il ſe voit combattu ?

Angélique. Si-tôt que le Recteur des Jéſuites eut appris ce qui ſe paſſoit, par la Lettre qu'il trouva dans le bonnet, il en donna avis à la Supérieure, qui alla auſſi-tôt, avec ſon aſſiſtance, viſiter la chambre de Virginie, où elle trouva dans ſa caſſette une infinité de Billets & d'autres bagatelles, qui lui firent connoître la vérité de ce qu'elle n'auroit pu croire ſi elle ne l'avoit vu. Comme elle aimoit beaucoup Virginie, elle ne fit paroître dans ces procédures, que ce qu'elle ne put cacher, & modéra le châtiment que les Conſtitutions preſcrivoient.

Agnès. Le Jéſuite a été plus heureux, puiſqu'il en a été quitte pour changer de Province.

Angélique. Oh ! que ces affaires ne se sont pas passées si doucemens que tu t'imagines : il est à présent hors de la Compagnie. Tu sauras que comme dans la Société tout roule & n'est établi que sur l'estime & la réputation, il est impossible à un homme d'honneur d'y rester après qu'il a perdu par quelqu'accident, dans l'esprit de ses Confreres, ces deux choses qui flattent si agréablement l'ambition des hommes. Le Pere de Raucourt se voyant donc déchû par le malheur que tu sais de ce degré de gloire qu'il s'étoit acquis par ses mérites, & où il s'étoit toujours conservé par sa prudence, fit peu de cas de l'indulgence que ses Supérieurs lui offroient, & ne pensa plus qu'à les abandonner, ce quil a fait depuis quelque tems & s'est retiré en Angleterre.

Agnès. Mais,que peut faire dans un pays étranger un homme qui n'a point d'autres biens que la science,& qui n'a que la Philosophie pour partage.

Angélique. Ce qu'il peut faire, il peut par son esprit se rendre plus utile à la République, si elle le veut employer, que tous les Artisans qui la composent; il peut par ses Ecrits donner de la vigueur aux Loix les plus opposées à l'inclination du Peuple; il peut porter la gloire d'une nation dans les lieux les plus éloignés; enfin, il est peu d'emploi qu'il ne puisse dignement remplir, & dont l'état ne puisse tirer de grands fruits. Comme ce que je dis n'est pas hors de raison, il n'est pas aussi sans exemple; & j'ai appris d'un Dominicain, qu'un mécontent de leur Ordre étoit à la Cour de ce Royaume, où de Raucourt s'est retiré, & qu'il y faisoit très-belle figure en qualité de résident ou d'envoyé d'un Prince d'Allemagne.

Agnès. Sans doute qu'il auroit conduit Virginie dans ce Pays, s'ils fussent venus à bout de leurs desseins. Hélas ! qu'il y auroit peu de reclus & de recluses, si on donnoit le temps à ceux & à celles qui entrent dans les Cloîtres de réfléchir sur les suites fâcheuses d'un funeste engagement.

Angélique. Pourquoi parles-tu de la sorte ? Ne pouvons-nous pas goûter des plaisirs aussi parfaits dans l'enceinte de nos murailles, comme ceux qui sont au dehors. Les obstacles qui s'y opposent, ne servent qu'à les rendre de meilleur goût, quand après les avoir adroitement surmontés, nous possédons ce que nous avons desiré. Ce seroit être malin & ingrat, que de censurer les divertissemens des Moines & des Moinesses ; car je dirois à ces gens-là : n'est-il pas vrai que la continence est un don de Dieu, duquel il gratifie qui lui plaît, & dont il ne fait pas largesse à ceux qu'il n'en veut pas honorer. Cela supposé, il ne fera rendre compte de ce présent qu'à ceux à qui il l'aura donné.

Agnès. Je conçois bien la force de cette raison, mais on pourroit dire que les Vœux par lesquels nous nous y engageons solemnellement, nous rendent responsables devant lui.

Angélique. Eh ! ne vois-tu pas bien que ces Vœux-là que tu fais entre les mains des hommes ne sont que des Chansons ? Peux-tu avec raison t'obliger à donner ce que tu n'as pas, & ce que tu ne peux avoir, s'il ne plaît à celui à qui tu l'offres, de te l'accorder ? Juge delà de la nature de nos engagemens ; & si à la rigueur nous sommes tenus, selon Dieu, à l'effet de nos promesses, puisqu'elles renferment en elles une impossibilité morale. Tu ne peux rien dire qui détruise ce raisonnement.

Agnès. Il est vrai, & c'est ce qui nous doit mettre l'esprit en repos.

Angélique. Pour moi je te puis dire que rien ne me chagrine ; je passe le temps dans une égalité d'esprit qui me rend insensible aux peines qui fatiguent les autres ; je vois tout, j'écoute tout, mais peu de choses sont capables de m'émouvoir, & si mon repos n'eût été troublé par quelqu'indisposition corporelle, il n'y a personne qui puisse vivre avec plus de tranquillité que moi.

Agnès. Mais dans une conduite si opposée à celle des autres Cloîtres, que pensez-vous de la disposition de leur ame ; & ces actions qui sont suivies, comme ils prêchent, de tant de mérites, ne vous tentent-elles point par l'espérance qu'elles proposent ? On pourroit nous dire que le libertinage est souvent capable de nous fournir des raisons pour nous perdre : car qu'y a-t-il de plus saint que la méditation des choses célestes, à laquelle ils s'emploient ? Qu'y a-t-il de plus louable que cette haute piété qu'ils mettent en pratique ? Et les jeûnes & les austérités dont ils se mortifient, peuvent-ils passer pour des œuvres infructueuses ?

Angélique. Ah ! mon enfant, que ces objections sont foibles, il faut que tu saches qu'il y a bien de la différence entre la licence & la liberté ; dans mes affections, je me tiens souvent sur la pente de celle-ci, mais je ne me laisse jamais tomber dans le désordre de celle-là. Si je ne donne point de bornes à ma joie & à mes plaisirs, c'est parce qu'ils sont innocens, & qu'ils ne blessent jamais par leur excès les choses pour lesquelles je dois avoir de la vénération. Mais tu veux bien que je te dise ce que je pense de ces foux mélancoliques dont les manieres te charment : sais-tu que ce que tu appelles contemplation des choses divines, n'est dans le fond qu'une lache oisiveté, incapable de toute action ; que les mouvemens de cette même piété héroïque que tu fais éclater, ne procédent que du désordre d'une raison altérée ; & que pour trouver la cause générale qui les fait se déchirer comme des désespérés, il la faut chercher dans les vapeurs d'une humeur noire, ou dans la foiblesse de leur cerveau.

Agnès. Je prends tant de plaisir à entendre tes raisons, que je t'ai proposé tout exprès comme une difficulté, ce qui ne me faisoit souffrir aucun doute ; mais j'entends la cloche qui nous appelle.

Angélique. C'est pour aller au Réfectoire : après dîner, nous pourrons continuer nos entretiens.

Fin du second Entretien.

LA NONE ÉCLAIRÉE, OU LES DÉLICES DU CLOISTRE.

TROISIEME ENTRETIEN.

Sœur AGNÈS : *Sœur* ANGÉLIQUE.

AGNÈS. Ah ! que la beauté du jour eſt agréable, cela me réveille tous les eſprits : retirons-nous toutes deux dans cette allée, afin de nous éloigner de la compagnie des autres.

Angélique. Nous ne pouvions pas trouver dans tout le jardin un lieu plus propre à la promenade, car les arbres qui l'environnent, nous donneront autant d'ombre qu'il en faut pour n'être pas expoſées à la chaleur du Soleil.

Agnès. Il eſt vrai ; mais il eſt à craindre que Madame ne vienne pour s'y récréer, car c'eſt ici l'endroit qu'elle choiſit le plus ſouvent pour prendre l'air après le repas.

Angélique. N'appréhende pas qu'elle nous chaſſe d'ici, elle eſt à préſent incommodée ; & ſi tu ſavois la cauſe de ſon indiſpoſition, tu rirois trop.

Agnès. Elle ſe portoit pourtant bien hier.

Angélique. Aſſurément le mal ne lui eſt arrivé que cette nuit, & il faut que tu aies dormi d'un profond ſommeil, pour ne t'être pas apperçue comme par ſes cris elle a mis tout le Dortoir en allarme. J'avois deſſein de m'en divertir avec toi, quand je t'ai été trouver ce matin ; mais inſenſiblement notre converſation nous en a éloignées.

Agnès. Il eſt vrai que je n'apprends les nouvelles que quand elles ſont publiques.

Angélique. Tu ſais que Madame fait un de ſes principaux plaiſirs de nourrir toutes ſortes d'animaux, & qu'elle ne ſe contente pas d'avoir une infinité d'oiſeaux de toutes ſortes de Pays ; qu'elle a encore rendu domeſtiques juſqu'à des tortues & des poiſſons. Comme elle ne ſe cache point de cette folie, & que tous ſes amis ſavent qu'elle appelle cette occupation le charme de ſa ſolitude, ils s'efforcent tous à contribuer à ſon divertiſſement, en lui faiſant préſent, tantôt d'une bête, tantôt d'une autre. L'Abbé de Saint Vallery ayant appris qu'elle avoit même rendu des carpes & des brochets familiers, il lui envoya, il y a quatre jours, deux macreuses en vie, & deux grosses écrevisses de mer pareillement vivantes. Après avoir fait couper les aîles à ces demi-canards, elle les fit jetter dans le Vivier, & voulut donner toute son application à élever les écrevisses. Pour cette raison, elle fit apporter dans sa chambre une petite cuvette de bois qu'elle fit remplir d'eau, & où elle mit ces langoustes, (c'est ainsi qu'on appelle ces animaux). J'aurois de la peine à t'exprimer tous les soins qu'elle apportoit pour leur conservation, jusqu'à leur jetter des douceurs & des pistaches ; enfin elle ne vouloit les nourrir que de viandes des plus délicates.

Agnès. Ces sortes de passe-temps sont innocens & sont excusables dans la jeunesse.

Angélique. Hier au soir par un malheur, Sœur Olinde qui avoit ordre de changer tous les jours l'eau de la cuve, pour le rafraîchissement des poissons, s'en oublia, c'est ce qui causa tout le désordre. Tu sauras que la nuit derniere ayant été fort chaude, une de ces langoustes qui se trouvoit incommodée de la chaleur qu'elle ressentoit, sortit de la cuve, & se traîna assez long-temps par la chambre, jusqu'à ce que se voyant sans soulagement, elle rechercha l'eau qu'elle avoit quittée, comme son plus naturel élément ; & comme il lui avoit été bien plus facile de descendre que de monter, elle fut obligée de recourir à l'eau du pot de chambre de Madame, où, sans examiner si elle étoit douce ou salée, elle se posta.

Quelque temps après notre Abbesse eut envie de pisser, & à demi endormie, & sans sortir du lit, elle prit son urinal : mais hélas ! elle pensa mourir de frayeur. Cette écrevisse qui se sentit arrosée d'une pluie un peu trop chaude, se lança vers le lieu d'où elle sembloit partir, & le serra si vivement avec une de ses pattes, qu'elle y a laissé les marques pour plus de trois jours.

Agnès. Ah ! ah ! ah ! que cette aventure est plaisante.

Angelique. Dans le moment elle fit un cri qui éveilla toutes ses voisines, elle jetta le pot de chambre par terre & se leva promptement, appella tout le monde à son aide. Cependant cet animal qui n'avoit jamais trouvé de morceau si délicat & plus friand, ne quittoit point sa prise. La Mere assistante & Sœur Cornelie furent les plus promptes à se lever ; elles eurent bien de la peine à s'empêcher de rire à la vue d'un tel spectacle : mais elles se retinrent & furent obligées de couper la patte de cette bête sacrilege qui n'abandonna point sa proie jusqu'à ce temps-là. La Mere assistante se retira, & Sœur Cornelie qui est la confidente de Madame, passa le reste de la nuit avec elle, pour la consoler. Voilà la cause de l'indisposition de notre Abbesse, & ce qui l'empêchera apparemment de venir interrompre nos entretiens.

Agnès. Ah ! je n'oserois paroître si un semblable accident m'étoit arrivé, & qu'il fût venu à la connoissance des autres.

Angélique. Vraiment il y a bien là de quoi être honteuse ; elle ne fit rien voir qu'elle n'ait souvent montré à d'autres, & les Chevaliers de l'Ordre ont mis plusieurs fois la main où l'écrevisse plaça sa patte.

Agnès. Qui est celui qui est son meilleur ami ?

Angélique. Je ne sais pas qui il est ; mais je sais bien qu'un Jésuite la visite fort souvent, & qu'il a eu avec elle des privautés qui font connoître qu'il est des Cordons bleus. Je l'apperçus un jour avec lui dans un entretien fort allumé ; une autrefois qu'elle sortoit d'avec le même personnage, je trouvai dans le parloir qu'elle venoit de quitter, une serviette fine, humectée dans de certains endroits d'une liqueur un peu visqueuse : elle l'avoit laissée tomber proche de la fenêtre. Je ne parlai point de cette rencontre ; je remarquai seulement que cette perte lui donna un peu d'inquiétude.

Agnès. Qu'a-t-elle à appréhender ? L'Evêque de qui elle dépend uniquement, est à sa discrétion ; & dans la visite qu'il a fait de ce Monastere, il n'a rien ordonné que ce qu'elle lui avoit auparavant prescrit.

Angélique. Il est vrai : elle est Maîtresse de tout, & les Directeurs & Confesseurs ne sont reçus & changés que par son ordre.

Agnès. Ah ! que je souhaiterois de tout mon cœur que le Confesseur ordinaire que nous avons à présent, lui déplût comme à moi. Qu'en dis-tu ?

Angélique. Il eſt vrai qu'il eſt fort auſtere; qu'il eſt capable de faire bien de la peine à celles qui ne ſavent pas ſe conduire ; mais à nous autres, cela nous doit être bien indifférent, que ce ſoit lui ou un moins rigoureux qui nous entende.

Agnès. Pour moi je ne puis lui dire la moindre peccadille, qu'il ne s'emporte. Pour une penſée dont je m'accuſerai, il me donnera des mortifications & des pénitences horribles, & me fera jeûner deux jours pour le moindre mouvement de la chair, dont je me confeſſerai; outre que je ne ſais la plupart du temps de quoi l'entretenir, de crainte de lui dire quelque choſe qui le choque : & je ne puis concevoir comment tu fais, toi qui le tiens ſi long-temps.

Angélique. Eh ! crois-tu que je ſois ſotte de lui déclarer le ſecret de mon cœur ? Bien loin de cela : comme je le connois tout-à-fait rigide, je ne lui dis que les choſes ſur leſquelles il n'y a point de priſe. Il ne peut conclure de tout ce qu'il apprend de moi, ſinon que je ſuis une fille d'Oraiſon & de contemplation, qui ne connoît point tous les mouvemens d'une nature corrompue, ce qui fait qu'il n'oſe pas même m'interroger ſur cette matiere : la pénitence la plus rude que j'ai reçue, c'eſt cinq *Pater noſter & les Litanies.*

Agnès. Mais encore que lui dis-tu donc ? Car pour avoir rompu le ſilence, ou raillé une perſonne de la Communauté, ce qui n'eſt rien, il me prônera un quart-d'heure.

Angélique. Toutes ces fautes-là étant désignées en particulier avec leurs circonſtances, de légeres elles deviennent quelquefois plus conſidérables, & c'eſt ce qui te rend ſujette à ſa repréhenſion. Mais tiens, voici comme je m'y prends; écoute ma derniere Confeſſion: après lui avoir demandé bien humblement ſa bénédiction, la vue baiſſée, les mains jointes & le corps à demi courbé, je commence de la ſorte.

» Mon Pere, je ſuis la plus grande pécheresse du monde, & la plus foible des créatures, je tombe preſque toujours dans les mêmes défauts ».

» Je m'accuſe d'avoir troublé la tranquillité de mon ame, par des divagations univerſelles qui m'ont mis l'intérieur en déſordre ».

» De n'avoir pas eu aſſez de recueillement d'eſprit, & de m'être trop épanchée dans des occupations extérieures ».

» De m'être trop arrêtée aux opérations de l'entendement, y paſſant la plupart de mon Oraiſon, au préjudice de ma volonté qui en eſt demeurée ſeche & ſtérile ».

» De m'être une autre fois laiſſée d'abord lier aux affections, & expoſée par-là à des diſtractions fâcheuſes & à une oiſiveté d'eſprit contraire à la perfection méthodique des contemplatifs ».

» D'avoir trop conſervé en moi tout ce qui étoit de moi, ſans dégager mon cœur de toutes les choſes créées par un acte géné-

» reux d'anéantissement, d'amour propre, in-
» térêts, desirs & volontés, & de tout moi-
» même ».

» D'avoir fait une offrande de mon cœur,
» sans l'avoir tranquillisé auparavant, & dénué
» du trouble des passions trop remuantes, &
» des affections mal réglées ».

» De m'être trop laissée emporter aux incli-
» nations du vieil homme, & au penchant de
» la nature non réparée, au lieu de faire di-
» vorce avec tout, pour gagner tout ».

» De n'avoir pas été soigneuse de me renou-
» veller par une revue de moi-même en moi-
» même, & de faire en moi la réparation de
» ce qui étoit déchu de moi, &c ».

Eh bien ! Agnès, tu peux juger de la piece par l'échantillon. Ce n'est pas-là le tiers de ma Confession, mais le reste ne me rend pas plus criminelle que ce commencement.

Agnès. Il est vrai que je serois bien empêchée, si je devois ordonner des pénitences à des péchés si spirituellement débités. C'est néanmoins là l'unique moyen de tromper la curiosité des jeunes Directeurs, & d'éviter la réprimande des vieux.

Angélique. Ces derniers sont ordinairement les moins traitables ; car je n'en ai guere vu de jeunes, depuis que je suis dans la Communauté, qui n'aient été assez indulgens.

Agnès. Il est vrai qu'ils n'ont pas tous les mêmes rigueurs : temoin celui qui mit la dévotion si avant dans l'ame de deux de nos Sœurs, qu'elles qu'elles s'en trouverent fort incommodées neuf mois après.

Angélique. Ah Dieu ! qu'il a fallu d'adresse pour cacher cela, comme on a fait, pour empêcher qu'il ne fût su du dehors. L'Evêque même n'en a eu connoissance que lorsqu'on ne pouvoit plus en donner de preuve. Cela me fait souvenir d'un Jésuite Italien qui confessant un jour un jeune Gentilhomme François qui avoit appris la langue du Pays, fit une exclamation sans y penser, qui fit paroître sa foiblesse. Le Pénitent s'accusoit d'avoir passé la nuit avec une fille des premieres Maisons de Rome, & d'en avoir joui selon ses desirs : le bon Pere regardant attentivement celui qui lui parloit, qui étoit beau garçon & très-bien fait, s'oublia du lieu qu'il occupoit, & s'imaginant être dans une conversation libre, tant il étoit transporté, il demanda au jeune homme si cette fille étoit belle, quel âge elle pouvoit avoir, & combien il l'avoit fait avec elle ? Le François ayant répondu qu'il l'avoit trouvée d'une beauté achevée, qu'elle n'avoit que dix-huit ans, & qu'il l'avoit baisée trois fois : ah ! *Gual gusto, Signor*, s'écria-t-il pour lors assez hautement, c'est-à-dire, ah ! que ce plaisir étoit grand !

Agnès. Cette saillie n'étoit pas mal plaisante, & très-capable d'exciter le cœur du Pénitent à la repentance d'une telle faute.

Angélique. Que veux-tu ? ce sont des hommes comme les autres ; & j'ai oui dire à un de mes amis qui étoit dans ces ſortes d'emplois, que ſouvent un Confeſſeur ne s'expoſeroit pas tant à l'incontinence en allant au Bordel, comme en entendant ce que les dévotes lui diſent à l'oreille.

Agnès. Pour moi je trouverois, ce me ſemble, cette occupation aſſez divertiſſante, pourvu qu'il me fut permis de faire le choix de mes Pénitens : je prendrois plaiſir à les entendre, & mon imagination ſeroit vivement frappée par le récit qu'ils me feroient de leurs ſottiſes. Ce qui ne pourroit être ſans une grande ſatisfaction de mon côté.

Angélique. Hélas ! mon enfant, tu ne ſais ce que tu demandes. Si une dévote donne un peu de plaiſir à un Confeſſeur, par le récit ingénu de ſes foibleſſes ; il y en a mille qui les fatiguent par leurs redites, qui les accablent par leurs ſcrupules, & qu'ils tireroient plus facilement d'un abîme, que de leurs doutes. Sœur Doſithée a été près de trois ans à occuper preſque toute ſeule par ſes queſtions le Directeur commun de la Maiſon. Il avoit beau repréſenter que ces recherches curieuſes par leſquelles elle gênoit ſa conſcience, ne croyant jamais avoir apporté aſſez de ſoin pour s'examiner, étoient non-ſeulement inutiles, mais même vicieuſes & contraires à la perfection. Il ne put rien gagner ſur elle, & fut obligé de l'abandonner à elle-même, & de la laiſſer dans ſon erreur.

Agnès. Il me ſemble néanmoins qu'elle eſt

à préſent fort raiſonnable ; & je me ſouviens qu'une fois que nous fumes obligées de coucher toutes deux enſemble, pendant qu'on élevoit notre Dortoir, elle me tint des diſcours, non-ſeulement fort éloignés du ſcrupule, mais même que je trouvois en ce temps là un peu trop libres, outre mille badineries auxquelles elle m'excita par le récit de cent hiſtoires les plus lubriques & les plus laſcives du monde.

Angélique. Je vois bien que tu ne ſais pas comment elle étoit ſortie des ténebres où la ſuperſtition l'avoit plongée ſi avant. Son Confeſſeur n'a eu aucune part à ſa délivrance. On peut dire que c'eſt la dévotion même qui a produit ce changement, & qui d'une fille extrêmement ſcrupuleuſe, en a fait une Religieuſe tout-à-fait raiſonnable.

Agnès. Je ne conçois pas cela ; car de dire que la dévotion puiſſe défaire une perſonne de ſes ſcrupules, c'eſt-à-dire qu'un aveugle eſt capable d'en tirer un autre d'un précipice.

Angélique. Ecoute-moi ſeulement, & tu connoîtras que je ne t'avance rien qui ne ſoit véritable. Sœur Doſithée, comme on peut remarquer à ſes yeux, eſt née d'une complexion la plus tendre & la plus amoureuſe du monde. Cette pauvre enfant à ſon entrée en Religion tomba entre les mains d'un vieil Directeur ignorant au ſuperlatif, & d'autant plus ennemi de la nature, que ſon âge le rendoit inhabile à tous les plaiſirs qu'elle propoſoit : Reconnoissant donc que le penchant de sa Pénitente étoit du côté de la chair, & que les foiblesses dont elle s'accusoit tous les jours en étoient une preuve assurée, il crut qu'il étoit de son devoir de réformer cette nature qu'il appelloit corrompue, & qu'il lui étoit permis de s'ériger en second Réparateur. Pour venir à bout de ce dessein, il jetta d'abord dans son ame toutes les semences de scrupules, de doute & de peines de conscience qu'il se put imaginer : il le fit avec d'autant plus de succès, qu'il y trouva beaucoup de disposition, & que les confessions ingénues qu'il avoit souvent entendues de cette innocente, lui avoient fait connoître l'extrême tendresse où elle étoit pour ce qui regardoit son salut.

Il lui fit donc la peinture du chemin du Ciel avec des couleurs si rudes, qu'elles auroient été capables de rebuter de sa poursuite une personne moins zélée & moins fervente qu'elle. Il ne lui parloit que de la destruction de ce corps qui s'opposoit à la jouissance de l'esprit, & les pénitences horribles dont il l'accabloit, étoient selon lui, des moyens absolument nécessaires, sans lesquelles il étoit impossible d'arriver dans cette céleste Jérusalem.

Dosithée n'étant pas capable de se défendre de ces arguments, se laissa aveuglément conduire par la dévotion indiscrette dont elle devint infatuée : la simple pratique des Commandemens de Dieu ne passa plus chez elle pour être de grand prix auprès de lui, il falloit que les œuvres de surérogation l'accompagnassent : & encore avec tout cet attirail, elle étoit toujours dans une crainte continuelle des peines de l'autre monde, dont elle étoit si souvent menacée. Comme il est impossible ici bas de détruire en nous ce qu'on appelle concupiscence, elle n'étoit jamais en paix avec soi-même ; c'étoit une guerre sans relache qu'elle faisoit imprudemment à son pauvre corps ; & les combats attroces qu'elle lui livroit, étoient rarement suivis de quelque courte treve.

Agnès. Hélas ! qu'elle étoit à plaindre, & qu'elle m'auroit fait de compassion, si je l'avois vue dans cet égarement.

Angélique. Comme son naturel amoureux causoit, selon elle, ses plus grands défauts, elle ne négligeoit rien de tout ce qui pouvoit éteindre les feux les plus innocens : les jeûnes, les haires & les cilices, étoient mis en usage, & le changement d'un Directeur plus raisonnable que le premier, ne put apporter la moindre diminution à sa folie : elle fut quatre ans entiers dans cet état, & y seroit toujours restée sans un trait de dévotion qui l'en tira. Entre les conseils qu'elle avoit reçus de son ancien Confesseur, elle en pratiquoit un avec une régularité sans égale : c'étoit de recourir à un tableau de saint Alexis, miroir de chasteté qui étoit à son Oratoire, & de s'y prosterner lorsqu'elle se verroit pressée de la tentation, ou qu'elle ressentiroit en elle-même ces mouvemens dont elle s'accusoit si souvent. Un jour donc qu'elle ſe trouva plus émue qu'à l'ordinaire, & que ſa nature la combattoit plus vivement que de coutume, elle eut recours à ſon Saint : elle lui repréſenta les larmes aux yeux, la face en terre, & le cœur porté vers le Ciel, l'extrême danger où elle ſe trouvoit : lui raconta avec une candeur & une ſimplicité merveilleuſe combien inutilement elle s'étoit défendue, & avoit fait ſes efforts pour réprimer les violens tranſports qu'elle reſſentoit.

Elle accompagna la priere de pénitence & de diſcipline, qu'elle prit en préſence de ce bienheureux Pélerin. Mais comme on rapporte de lui qu'il ne fut aucunement touché de la beauté de ſa femme la premiere nuit de ſes noces qu'il abandonna ; le beau corps de cette innocente expoſé nud devant lui, ne fit aucune impreſſion ſur ſon eſprit, & les coups dont elle le chargeoit ſi vivement ne le porterent aucunement à en avoir compaſſion. Après s'être ainſi déchirée, elle ſe recommanda de nouveau à ce bon Romain, & ſe retira comme victorieuſe pour aller vaquer avec tranquillité à des exercices moins fatiguans.

Agnès. Ah Dieu ! que la ſuperſtition fait de ravage dans une ame, lorſqu'elle s'en eſt emparée.

Angélique. A peine Doſithée fut-elle ſortie de ſa chambre, qu'elle ſe ſentit le corps tout en feu, & l'eſprit porté à la recherche d'un plaiſir qu'elle ne reconnoiſſoit point encore. Un chatouillement extraordinaire anima tous ſes ſens, & ſon imagination ſe rempliſſant de mille idées laſcives, laiſſa cette pauvre Religieuſe à demi vaincue. Dans ce pitoyable état elle retourne à ſon Interceſſeur, elle redouble ſes prieres & le conjure par tout ce que la dévotion peut avoir de plus ſenſible, à lui accorder le don de continence : ſa ferveur n'en demeura pas là ; elle prit encore les inſtrumens de pénitence en main, & s'en ſervit pendant un quart-d'heure avec une ardeur la plus folle & la plus indiſcrette du monde.

Agnès. Eh bien ! cela la ſoulagea-t-il un peu ?

Angélique. Hélas ! bien loin de cela, elle ſe retira de ſon Oratoire encore plus tranſportée de l'amour qu'auparavant. Vêpres ſonnerent, elle eut beaucoup de peine à y aſſiſter tout au long. Des étincelles de feu lui ſortoient des yeux ; ſans ſavoir ce qu'elle ſouffroit, j'admirois ſon inſtabilité, & comme elle étoit dans un mouvement continuel.

Agnès. Mais d'où provenoit cela ?

Angélique. Cela étoit cauſé par l'ardeur extrême qu'elle reſſentoit par tout le corps, & ſur-tout aux parties où elle s'étoit diſciplinée : car il faut que tu ſaches que bien loin que ces ſortes d'exercices euſſent été capables d'éteindre les flammes qui la conſumoient, au contraire ils les avoient augmentées de plus en plus, & avoient réduit cette pauvre enfant dans un état à ne pouvoir quaſi plus y réſiſter. Cela eſt facile à concevoir, d'autant que les coups de fouet qu'elle s'étoit donnés sur le derriere, ayant excité la chaleur dans tout le voisinage, y avoient porté les esprits les plus purs & les plus subtils du sang, qui pour trouver une issue conforme à leur nature toute de feu, aiguillonnoient vivement les endroits où ils étoient assemblés, comme pour y faire quelqu'ouverture.

Agnès. Le combat dura-t-il long-temps:

Angélique. Il commença & fut terminé dans une journée; sitôt que Vêpres furent achevés, comme si Dosithée n'avoit pas pu s'adresser directement à Dieu, elle alla se prosterner derechef devant son Oratoire : elle prie, elle pleure, elle gémit, mais toujours inutilement. Elle se sent plus pressée que jamais; & pour insulter de nouveau à cette nature opiniâtre, elle prend le fouet en main, & relevant ses jupes & sa chemise jusqu'au nombril, & l'attachant d'une ceinture, elle outrage avec violence ses fesses & cette partie qui lui causoit tant de peine, qui étoient toutes à découvert. Cette rage ayant duré quelque temps, les forces lui manquerent pour ce cruel exercice; elle n'en eut pas même assez pour détacher ses habits qui l'exposoient à demi nue : elle s'appuia la tête sur sa couche; & faisant réflexion sur la condition des hommes qu'elle appelloit malheureuse de ce qu'ils étoient nés avec des mouvemens que l'on condamnoit, quoiqu'il fût presqu'impossible de les réprimer, elle tomba en foiblesse; mais ce fut une foiblesse amoureuse que la fureur de sa passion causa,

causa, & qui fit goûter à cette jeune enfant un plaisir qui la ravit jusqu'au Ciel. Dans le moment la nature unissant toutes ses forces, brisa tous les obstacles qui s'opposoient à ses saillies, & cette virginité qui jusques-là avoit été captive, se délivra sans aucun secours avec impétuosité, en laissant la Gardienne étendue par terre, pour marque évidente de sa défaite.

Agnès. Ah Dieu! j'aurois voulu être là présente.

Angélique. Hélas! quel plaisir aurois-tu eu? Tu aurois vu cette innocente à demi nue, pousser des soupirs dont elle ignoroit la cause: tu l'aurois vue dans une extase les yeux à demi mourans, sans force ni vigueur, succomber sous les loix de la nature toute pure, & perdre malgré ses soins ce trésor dont la garde lui avoit donné tant de peine.

Agnès. Hé bien! c'est en quoi j'aurois pris du plaisir de la considérer ainsi toute nue, & de remarquer curieusement tous les transports que l'amour lui auroit causés au moment qu'elle fut vaincue.

Angélique. Si-tôt que Dosithée fut revenue de cette syncope, son esprit qui n'étoit auparavant enseveli que dans d'épaisses ténebres, se trouva à l'instant développé de toute obscurité, ses yeux furent ouverts; & réfléchissant sur ce qu'elle avoit fait, & sur le peu de vertu de son Saint qu'elle avoit tant invoqué, elle connut qu'elle avoit été dans l'erreur, & s'éleva ainsi de sa propre force par une métamorphose furprenante, au deffus de toutes les chofes qu'elle n'ofoit auparavant regarder, & n'eut plus que du mépris pour celles qui avoient fait fon plus grand attachement.

Agnès. C'eft-à-dire, que de fcrupuleufe elle devint indévote, & qu'elle ne fit plus d'offrande à tous *les Sanctarelles* qu'elle adoroit auparavant.

Angelique. Tu prends mal les chofes. On peut fe défaire de la fuperftition, fans tomber dans l'impiété, c'eft ce que fit Dofithée : elle apprit par fon expérience que c'étoit au Souverain Médecin qu'il falloit recourir dans fes foiblesfes; que les tentations n'étoient pas dans la puiffance des fideles; & que dans l'ame la plus foumife, il s'élevoit fouvent des penfées & des mouvemens involontaires qui ne faifoient pas feulement le moindre défaut. Tu vois comme je ne t'ai rien dit que de véritable, quand je t'ai affurée que c'étoit la dévotion qui l'avoit tirée de fes fcrupules.

Il en arriva prefque de même à une Religieufe Italienne, qui après s'être profternée fort fouvent devant la figure d'un enfant nouvellement né, qu'elle appelloit fon petit Jefus, & l'avoit conjuré plufieurs fois de lui accorder la même chofe, par ces paroles qu'elle proféroit avec une affection extraordinaire: *Dolce Signore mio Giefu, faite mi la gratia*, &c. Voyant que toutes fes prieres étoient fans effet, elle crut que l'enfance de celui qu'elle invoquoit en étoit la caufe, & qu'elle trouveroit mieux fon compte en s'adressant à l'image du Pere Eternel, qui le représentoit dans un âge plus avancé. Elle alla donc retrouver son petit Signor à qui elle reprocha son peu de vertu, lui protestant qu'elle ne s'amuseroit jamais à lui ni à aucun enfant de la sorte, & le quitta ainsi, en lui appliquant ces paroles du proverbe : *Ch. simpaccia con fanciulli, con fianciulli si ritrova.* Réfléchis un peu jusqu'où va la superstition, & à quelle extrémité de folie l'ignorance nous conduit quelquefois.

Agnès. Il est vrai que cet exemple en est une preuve sensible, & que la simplicité de cette Religieuse est sans égale. Les Italiennes ne passent pas néanmoins pour sottes, on dit qu'elles ont infiniment de l'esprit, & que peu de choses sont capables de les arrêter & d'échapper à leur pénétration.

Angélique. Cela est vrai communément parlant, mais il s'en trouve toujours quelqu'unes qui ne sont pas si éclairées que les autres, outre que ce n'est pas toujours une marque de stupidité que d'avoir des scrupules & des doutes : car il faut que tu saches, ma chere Agnès, (que hors les choses de la Religion) il n'y a rien de certain ni d'assuré dans ce monde : il n'y a point de parti qui ne puisse se soutenir, & que nous n'avons pour l'ordinaire que des idées fausses & confuses des choses que nous croyons savoir plus parfaitement. La vérité est encore inconnue, & tous les soins & les artifices des hommes qui s'appliquent sérieusement à sa recherche, n'ont pu encore nous la rendre sensible, quoiqu'ils aient cru souvent l'avoir découverte.

Agnès. Mais comment conduire donc notre esprit dans une ignorance si universelle ?

Angélique. Il faut, mon enfant, pour ne se point abuser, regarder les choses dès leur origine, les envisager dans leur simple nature, & en juger ensuite conformément à ce que nous y voyons. Il faut sur-tout éviter de laisser prévenir sa raison, & de la laisser obséder par les sentimens d'autrui, qui ne peuvent être pour l'ordinaire que des opinions. Et il faut enfin se donner de garde de se laisser prendre par les yeux & par les oreilles, c'est-à-dire, par mille choses extérieures dont on se sert souvent pour séduire nos sens, mais se conserver toujours l'esprit libre & dégagé des sottes pensées & des niaises maximes dont le vulgaire est infatué, qui, comme une bête, court indiféremment après tout ce qu'on lui présente, pourvu qu'il soit revêtu de quelque belle apparence.

Agnès. Je conçois bien tout ceci, & je crois même qu'on peut pousser encore son raisonnement plus loin, & y comprendre bien des choses que tu en exemptes ; il faut avouer qu'il y a un extrême plaisir à t'entendre, quand tu ne serois pas aussi belle & aussi jeune comme tu es, ton esprit seul te rendroit aimable : donne-moi un baiser.

Angélique. De tout mon cœur, ma plus

chere, je ſuis ravie de te plaire en quelque choſe, & d'avoir trouvé en toi tant de diſpoſition à recevoir les lumieres qui te manquoient. Quand on a l'eſprit développé de ténebres, & débarraſſé de toutes ſortes d'inquiétudes, il n'y a point de moment dans notre vie que nous ne goûtions quelque plaiſir, & que nous ne puiſſions même, des peines & des ſcrupules des autres, faire un ſujet de récréation. Mais laiſſons là toute cette morale à laquelle je me ſuis inſenſiblement engagée : baiſe-moi ma mignonne, je t'aime plus que ma vie.

Agnès. Eh bien! es-tu contente? Tu ne ſonges pas qu'on peut nous appercevoir ici.

Angélique. Eh! quel ſujet avons-nous de craindre? entrons dans ce berceau, nous n'y pourrons être vues de perſonne : mais je ne ſuis pas encore ſatisfaite, tes baiſers n'ont rien que de commun; donne-m'en un à la Florentine.

Agnès. Je crois que tu es folle : eſt-ce que tout le monde ne baiſe pas de la même maniere? Que veux-tu dire par ton *baiſer à la Florentine?*

Angélique. Approche-toi de moi, je vais te l'apprendre.

Agnès. Oh Dieu! tu me mets toute en feu : ah! que cette badinerie eſt laſcive : retire-toi donc : ah! comme tu me tiens embraſſée : tu me dévores.

Angélique. Il faut bien que je me paye des leçons que je te donne : voilà de la façon que les personnes qui s'aiment véritablement se baisent, en lançant amoureusement la langue entre les levres de l'objet qu'on chérit : pour moi je trouve qu'il n'y a rien de plus doux & de plus délicieux, quand on s'en acquitte comme il faut, & jamais je ne le mets en usage que je ne sois ravie en extase, & que je ne ressente par-tout mon corps un chatouillement extraordinaire, & un certain je ne sai quoi que je ne puis exprimer, qu'en te disant, que c'est un plaisir qui se répand universellement dans toutes les plus secrettes parties de moi-même, qui pénétre le plus profond de mon cœur, & que j'ai droit de le nommer *un abregé de la souveraine volupté*. Eh toi, tu ne dis rien! quel sentiment t'a-t-il causé?

Agnès. Ne te l'ai-je pas assez fait connoître, quand je t'ai dit que tu me mettois toute en feu; mais d'où vient que tu appelles ces sortes de caresses, *un baiser à la Florentine*?

Angélique. C'est parce que les Italiennes & les Dames de Florence passant pour être les plus amoureuses, & pour pratiquer ce baiser de la maniere que tu l'as reçu de moi, elles y trouvent un plaisir singulier, & disent qu'elles le font à l'imitation de la Colombe qui est un oiseau innocent, & qu'elles y rencontrent je ne sais quoi de lascif & de piquant, qu'elles n'éprouvent point & ne goûtent pas dans les autres. Je m'étonne comment l'Abbé & le Feuillant ne t'apprirent point cela pendant ma retraite, car ils ont fait l'un & l'autre le voyage d'Italie, & apparemment s'y sont rendus ſavans dans toutes les pratiques les plus ſecrettes de l'amour, qui ſont particulieres à ceux du Pays.

Agnès. Vraiment, j'avois bien l'eſprit autre part qu'à ces ſimples badineries, lorſqu'ils me vinrent voir, pour m'en ſouvenir à préſent. Je ſais bien qu'il n'y eût point de careſſes ni de ſottiſes, dont leur fureur ne s'aviſât; mais quoi! le plaiſir que j'y prenois étoit ſi grand, le raviſſement que ces tranſports me cauſoient, ſi exceſſif, qu'il ne me reſtoit pas aſſez de liberté, de jugement pour y réfléchir.

Angelique. Il eſt vrai que les doux momens où l'on goûte cette volupté, nous occupent tellement, que nous ne ſommes pas capables de nous diſtraire par aucune application de notre mémoire, ni de faire un *Agenda* ſur le champ, de tout ce qui ſe paſſe au dedans de nous mêmes. Je ne doute pas néanmoins que l'Abbé ou le Feuillant n'aient pouſſé leur galanterie juſques-là; car outre que tu as une bouche divine, ils ſont parfaitement inſtruits de toutes les manieres les plus douces & les plus engageantes de ceux qui ſavent paſſionément aimer.

Agnès. Hélas! pour des perſonnes conſacrées aux Autels & dévouées à la continence, ils n'en ſavent que trop.

Angelique. Vraiment, tu fais bien ici la plaiſante; & ceux qui ne te connoîtroient pas croiroient que tu parlerois ſérieuſement. Mais veux-tu que je te diſe ma penſée. Je crois qu'ils n'en sçauroient trop sçavoir, mais qu'ils en pourroient moins pratiquer. Car il est certain qu'ayant la direction des ames, ils doivent avoir une parfaite connoissance tant du bien que du mal, pour en faire un juste discernement, & pour nous exhorter avec force à la poursuite & à l'amour de l'un, & nous prêcher avec un même zele la fuite & la haine de l'autre. Mais ils ne font rien moins que cela, & les mauvais Livres dont ils puisent leur lumiere, corrompent aussi-tôt leur volonté qu'ils éclairent leur entendement.

Agnès. Je crois que tu abuses des termes, & que tu ne penses pas que parmi les savans, il n'y a point de Livre, qui de sa nature, porte le titre de défendu, & que le seul usage que nous en faisons, lui en donne la qualité de mauvais ou d'indifférent.

Angélique. Ah Dieu! je crois que tu rêves de parler de la sorte; & tu dois convenir avec moi, qu'il y a de certains Livres dont toutes les parties ne valent rien, & dont les instructions sont essentiellement opposées à la bonne morale & à la pratique de la vertu. Que peux-tu dire de l'*Ecole des Filles*, & de cette infâme *Philosophie* qui n'a rien que de fade & d'insipide, & dont les sots raisonnemens ne peuvent persuader que les ames basses & vulgaires, ni toucher que celles qui sont à demi corrompues, ou qui d'elles-mêmes se laissent aller à toutes sortes de foiblesses.

Agnès. J'avoue que ce Livre là peut être

mis au rang des choſes inutiles & même de celles qui ſont défendues. Je voudrois pouvoir racheter le temps que j'ai employé à en faire la lecture ; il n'a rien qui m'ait plu, & que je ne condamne. L'Abbé qui me le fit voir, m'en donna un autre qui eſt preſque ſur la même matiere, mais qui la traite & la manie avec bien plus d'adreſſe & de ſpiritualité.

Angélique. Je ſais de quel Livre tu veux parler : il ne vaut pas mieux pour les mœurs qui le précédent, & quoique la pureté de ſon ſtyle, & ſon éloquence aiſée aient quelque choſe d'agréable, cela n'empêche pas qu'il ne ſoit infiniment dangereux, puiſque le feu & le brillant qui y éclatent en beaucoup d'endroits, ne peuvent ſervir qu'à faire couler avec plus de douceur le venin dont il eſt rempli, & de l'inſinuer inſenſiblement dans les cœurs qui ſont un peu ſuſceptibles ; il a pour titre : l'*Academia des Dames*, ou *les ſept Entretiens ſatyriques d'Aloiſia.* Je l'ai eu plus de huit jours entre les mains ; & celui de qui je le reçus, m'en expliqua les traits les plus difficiles, & me donna une intelligence parfaite de tout ce qu'il y a de myſtérieux. Sur-tout, m'en interpréta ces paroles qui ſont dans le ſeptieme Entretien, *Amoris vera lux*, & me découvrit le ſens anagrammatique qu'elles cachent ſous la ſimple apparence de l'inſcription d'une médaille. Je crois que c'eſt de ce Livre dont tu as eu deſſein de me parler.

Agnès. Aſſurément : ah Dieu ! qu'il eſt ingénieux à inventer de nouveaux plaisirs, à une ame soule & dégoûtée! De quelles pointes, & de quels aiguillons ne se sert-il pas pour réveiller la convoitise la plus endormie, la plus languissante, & celle même qui n'en peut plus? que d'appetits extravagans! que d'objets étrangers! & que de viandes inconnues il présente! mais je vois bien que je n'y suis pas encore si savante que toi.

Angélique. Hélas! mon enfant, la science que tu ambitionnes, ne pourroit que t'être préjudiciable. Il faut que les plaisirs que nous nous proposons, soient bornés par les *Loix*, par la *Nature* & par la *Prudence*, & toutes les maximes dont ce Livre pourroit t'instruire, s'éloignent presque également de ces trois choses. Crois-mois, toutes les extrêmités sont dangereuses, & il est un certain milieu que nous ne pouvons quitter, sans tomber dans le précipice. *Aimons*, il n'est pas défendu. *Cherchons la Volupté*, tant qu'elle est légitime; mais évitons ce qui ne peut être inspiré que par la débauche, & ne nous laissons point séduire par les persuasions d'une éloquence qui ne nous flatte que pour nous perdre, & qui ne s'exprime bien que pour nous porter plus facilement au mal.

Agnès. Oh! la belle morale, & que tu sais bien dorer la pilule quand il te plaît: ce n'est pas que je ne me rende à tes raisons, & que je ne blâme toutes les choses que tu condamnes; mais je ne puis m'empêcher de rire, quand je te vois prêcher la réforme avec tant de feu, &

que je t'entends parler à des sourds & à des aveugles, tels que sont nos sens qui ne veulent recevoir de regles que celles qu'ils se proposent eux-mêmes.

Angélique. Il est vrai, & j'avoue que c'est mal employer le temps, c'est-à-dire inutilement, que de travailler à réparer le vice, & à élever la vertu dans le siecle où nous sommes. La maladie est trop grande, & la contamegion trop universelle, pour y apporter du remede par de simples paroles, & pour qu'elle puisse être guérie par un appareil qui ne peut agir que sur l'esprit. Ce n'est aucunement là mon dessein : mais j'ai seulement été bien aise de te faire connoître que je n'approuve point le libertinage de ceux qui ne goûtent jamais de plaisirs parfaits, s'ils ne les vont chercher dans les leçons d'une imagination corrompue, au delà des bornes les plus inviolables de la nature, & jusques dans la licence la plus dissolue des fables passées.

Je ne suis point ennemie des délices, ni attachée à cette vertu incommode, dont notre siecle n'est pas capable; & je sais que l'ame la plus noble ne peut être maîtresse de ses passions, ni purgée des autres infirmités humaines, tant qu'elle sera attachée à notre corps.

Agnès. Ah! ce retour me plaît, & cette indulgence raisonnable peut être reçue : car quel mal peut-on trouver dans la volupté, quand elle est bien réglée; il faut bien de nécessité donner quelque chose au tempérament du corps, &

compatir à la foiblesse de nos esprits, puisque nous les recevons tels que la nature nous les donne, & qu'il ne dépend pas de nous d'en faire le choix. Nous ne sommes pas responsables des fantaisies, du penchant & des inclinations qu'elle nous donne. Si ce sont des fautes, c'est elle qui en est coupable & qui en doit être blamée ; & on ne peut reprocher aux hommes les vices qui naissent avec eux, ou qui ne procédent que de leur naissance.

Angelique. Tu as raison, ma mignonne, & je ne puis t'exprimer la joie que je ressens, lorsque ces paroles me font voir le progrès que tu as fait par mes instructions. Mais ne nous fatiguons pas l'esprit par la recherche des crimes d'autrui ; supportons ce que nous ne saurions réformer, & ne touchons point à des maux qui découvriroient sans doute l'impuissance de nos remedes. Vivons pour nous-mêmes, & sans nous faire malades des infirmités étrangeres : établissons dans notre intérieur cette paix & cette tranquillité spirituelle, qui est le principe de la joie, & le commencement du bonheur que nous pouvons raisonnablement desirer.

Agnès. Pour moi, je suis déja dans cette paisible jouissance du repos & de la quiétude d'esprit, où je puis dire que je n'ai arrivé que par ton moyen. Ce sont des obligations que je ne pourrai jamais assez reconnoître comme je le souhaiterois ; car il faut que pour toutes ces peines que tu as prises à me tirer de l'erreur où j'étois, tu te contentes de l'amitié que je t'ai jurée, & qu'elle te tienne lieu de toute autre récompenſe.

Angélique. Hélas! mon enfant, que pourrois-tu m'offrir qui me plût davantage! je préfére tes careſſes à tous les tréſors du monde; un ſeul de tes baiſers me charme, & me comble de biens. Mais voici quelqu'un qui vient, ſéparons-nous, afin de leur ôter le ſoupçon qu'ils pourroient avoir de nos entretiens. Baiſe-moi, ma chere enfant.

Agnès. Je le veux, & *à la Florentine.*

Angélique. Ah, tu me ravis! tu me tranſportes! je n'en puis plus! tu me cauſes mille plaiſirs!

Agnès. En voici aſſez pour le préſent: adieu, *Angélique*, c'eſt Sœur Cornélie qui s'approche.

Angélique. Je la vois. C'eſt ſans doute pour nous donner quelque ordre de la part de Madame. Adieu, *Agnès*, adieu mon cœur, mes délices, mon amour.

Fin du troiſieme Entretien.

LA NONE ÉCLAIRÉE, OU LES DÉLICES DU CLOISTRE.

QUATRIEME ENTRETIEN.

Sœur AGNÈS : *Sœur* ANGÉLIQUE.

AGNÈS. Ah ! bon jour Angélique, comment te portes-tu ?

Angélique. Fort bien, Dieu merci : je suis ravie de te voir ; je songeois tout présentement à toi.

Agnès. Eh bien ! à quoi songeois-tu ?

Angélique. Je songeois à me venir réjouir avec toi, & pour te dire la nouvelle que j'ai apprise de Sœur Cornélie.

Agnès. Qu'as-tu appris ? L'as-tu bien reconnue ?

Angélique. En vérité quand elle entra dans ma chambre, je ne la reconnoissois pas, car je la prenois pour quelque personne de grande qualité, à cause qu'elle avoit (ce me sembloit) deux Pages à sa suite, & étoit encore accompagnée d'un Gentilhomme fort bien fait qui l'entretenoit.

Agnès. Tu l'as donc à la fin connue ?

Angélique. Oui, tant à sa parole qu'à ses gestes, & aussi à plusieurs autres choses qui m'ont tout-à-fait persuadée que c'étoit elle.

Agnès. Eh, dis-moi, qui étoit ce Gentilhomme qui l'accompagnoit ?

Angélique. C'est le Marquis de Grassio, natif de Florence, homme de très-belle taille, & fort richement habillé.

Agnès. Dis-moi donc la nouvelle que Sœur Cornélie t'a dit, & m'en fais le discours le plus bref qui se pourra.

Angélique. Je vais vous en faire le récit : c'est que Sœur Cornélie se doit marier avec Frédéric, qui est un jeune homme de fort honnête famille, qui a la taille bien faite; je vous en pourrois faire le portrait : mais je vous dirai franchement que j'aime mieux faire celui de notre sexe que celui des hommes.

Agnès. Eh! pourquoi cela? Est-ce qu'il y a si grande différence des hommes à nous? Puisque tu ne me veux pas dire ou dépeindre les traits d'un homme, fais-moi donc le portrait de Sœur Cornélie, car il y a long-temps que je ne l'ai vue, & même je ne sais si je la reconnoîtrois.

Angélique.

Angélique. Ah! Sœur Agnès, oui-da, & de bon cœur : tu ſauras qu'elle eſt aſſez grande de taille, & marche extrêmement bien; elle a un très-beau corps, ſa chair ferme & blanche comme de l'ivoire, & douillette à manier; elle n'eſt ni maigre ni graſſe; ſes tettons ſont bien diviſés, ronds & non éloignés de l'eſtomac; elle eſt étroite de ceinture, & large de côté; elle n'a aucune ride ſur le viſage, au contraire, il eſt fort uni; les bras ronds, les mains d'une longueur médiocre & mince; la cuiſſe graſſe, les genoux petits, la jambe très-belle & droite; de ſorte qu'elle eſt merveilleuſement bien aſſortie juſqu'au talon, auquel eſt conjoint un pied fort petit & bien formé. Enfin, outre toutes ces beautés que la nature lui a données, elle a beaucoup de belles qualités, qui ſont les plus grands charmes d'une fille.

Agnès. Vraiment j'ai bien pu dire que je ne la reconnoîtrois pas, car elle n'avoit pas (ce me ſemble) toutes ces qualités, ni ces perfections de corps; ſelon que tu me la dépeins, ce ne ſeroit plus elle-même.

Angélique. J'avoue que je l'ai trouvée fort changée : mais il faut ſavoir que les compagnies donnent de grands changemens aux perſonnes, & principalement à celles de notre ſexe, quand elles veulent prendre la peine de ſe corriger de tous leurs mauvais geſtes, & de tous leurs défauts.

Agnès. Enfin, Sœur Cornélie ſe doit donc marier avec Frédéric.

Angélique. Oui.

Agnès. Dis-moi, est-ce ce Frédéric que j'ai connu il y a six ans à Florence chez le Comte d'Arnobio?

Angélique. C'est lui-même, & je te jure en amie que j'y prends autant de joie & de part, comme si j'y devois partager uniquement les premiers plaisirs.

Agnès. Je suis ravie de la visite que Sœur Cornélie t'es venue faire, car elle nous donne lieu de nous entretenir quelque temps sur ce sujet.

Angélique. Tu sauras qu'outre toutes les perfections du corps & des qualités qu'elle possède, elle est aussi particuliérement savante dans l'histoire & dans les langues étrangeres; on ne doit pas ignorer qu'elle n'ait connoissance des choses les plus cachées de la nature, le tout par la vivacité de son esprit.

Agnès. Vous me surprenez, Angélique; j'ai de la peine à croire ce que vous me dites de Sœur Cornélie.

Angélique. Hélas! tu ne sais pas encore la moitié des choses que Sœur Cornélie m'a dites: pour nous entretenir sur ce point, tu sauras que Frédéric lui a été (entr'autres) une fois rendre visite, & la trouva toute nue dans sa chambre: elle, se retournant, lui dit en souriant, que veux-tu? Il répondit, ha mon cœur! ha mon amour! mon unique plaisir de Vénus. Après ces paroles, elle mit sa chemise, & s'approcha de lui: puis aussi-tôt il mit sa main sur cette colonne : elle, toute ſurpriſe, lui répondit : n'as-tu pas de honte de me tenir de la ſorte ? Toutes ſes paroles ne ſervirent à rien, car il l'embraſſa d'une force extraordinaire, en lui diſant : baiſes-moi, ma bien-aimée. Il ne l'eut pas ſi-tôt baiſée, qu'il la renverſa ſur le lit, & lui manioit fortement ſa poitrine, ſes tettons, & avec des redoublemens de baiſers, en lui diſant : crois-tu pouvoir jouir d'un ſemblable plaiſir ſans les hommes ? Après qu'ils eurent achevé quelques plaiſirs particuliers, (je crois qu'il la baiſa plus de mille fois) ſi bien qu'avant le jour, ils redoublerent ce même & doux paſſe-temps plus de trois fois ; je crois auſſi qu'ils ſe promirent de le réitérer quelques nuits enſuite : mais c'eſt de quoi je ne ſuis pas sûre, ne les pouvant pas tout-à-fait entendre, à cauſe de la peur que j'eus d'être vue d'eux. Alors Sœur Cornélie reconnut ce que c'étoit que la conjonction de l'homme.

Agnès. Hé ! comment as-tu ſu toutes ces choſes ? Il faut que Sœur Cornélie te les ait racontées, ou bien que tu les aies vues & entendues au travers d'une fente ; & même je crois qu'il y aura eu un flambeau dans la chambre.

Angélique. Tu as raiſon : car j'apperçus de la lumiere, & y vis une image de Notre-Dame, devant quoi elle faiſoit ordinairement ſes prieres tous les ſoirs avant que d'aller ſe coucher. Je te dirai encore, Sœur Agnès, que je vis Sœur Cornélie toute nue qui cherchoit des puces dans ſa chemiſe (car c'étoit dans le mois de Juillet) & Frédéric auprès d'elle les reins de côté, tenant dans la main... ce qui me ſurprit extrêmement, m'imaginant qu'elle ne pût avoir eu tant de plaiſir qu'elle en avoit reçu.

Et je diſois en moi-même, hélas! que Sœur Cornélie a eu de peine. Comment eſt-il poſſible qu'il ne la bleſsât point! (c'eſt ainſi que je me parlois) puis je concluois : il l'a ſans doute traitée fort doucement à cauſe de ſon jeune âge (car au plus avoit-elle quinze ans.) M'entretenant de ces penſées, j'entendis Frédéric qui diſoit, Cornélie mets-toi deſſus le dos, ce qu'elle fit ; puis monta ſur ſon..... & lui mit ſon....... moi toute étonnée je l'entendois crier de douleur, & même croyois qu'elle alloit mourir, ce qui me fâchoit fort; car je n'oſois entrer dans la chambre de peur de leur donner trop d'altération. Pourtant quelques momens après je lui vis remuer les deux jambes, & embraſſer Frédéric avec ſes deux bras; mais d'une force & d'une amitié extraordinaire.

Frédéric ne lui en témoignoit guere moins, en diſant : ah ! que j'ai de plaiſir avec toi. Bref à force de ſe témoigner tant de chaleur, l'un pour l'autre, ſuivie de ſoupirs & de gémiſſemens, ils ſe reposerent & demeurerent un eſpace de temps tous deux évanouis. Pour te faire voir l'amour exceſſif que Sœur Cornélie avoit pour Frédéric, je te dirai, nonobſtant ſon évanouiſſement, qu'elle ſe mit à le baiſer, & s'il faut dire par tout, & lui parloit en des termes les plus doux du monde ; d'où je conclus qu'elle avoit eu bien du plaisir, ce qui me donna envie d'en goûter de semblable ; & même tu sauras que j'en étois devenue comme folle. A quoi pensant toute la nuit, je ne pus dormir qu'au matin ; & par bonheur la fortune qui fut assez favorable à mon souhait, m'apporta quelque soulagement. C'étoit le fils aîné du Comte Don-Gracio, lequel par fortune jetta la vue sur moi, & commença à m'aimer. Toutes les fois que je le vis, je ne pus m'empêcher de l'aimer réciproquement. Nous recommençames tous deux par des regards amoureux, des salutations de corps, & puis de bouche ; après par des témoignages tous particuliers d'amitié & d'amour : mais ce qui me facha, c'est qu'au plus beau de nos plaisirs, je fus obligée de changer de chambre, ce qui m'attrista extrêmement. Cela n'empêcha pas néanmoins qu'il ne me fit tenir par adresse une lettre, par laquelle il m'assuroit qu'il brûloit d'amour pour moi, & me prioit d'avoir pitié de lui, en répondant à sa passion & à sa flamme. Tu peux croire avec quel saisissement (je puis dire d'amour) je lus cette lettre. Je pensai pâmer de passion, & ne pensai plus qu'à jouir de mon cher Don-Gracio. Pour cet effet je lui fis réponse qu'il vînt au plutôt, que je lui accorderois tout ce qu'il pourroit souhaiter d'une fille qui l'aimoit plus que sa vie, & que je ferois tout mon possible de me retrouver à la premiere chambre, pour mieux jouir des plaisirs que j'attendois de lui. Il n'eut pas si-tôt reçu cette agréable nouvelle, qu'il partît pour me venir trouver. Je m'étois préparée à le recevoir, & le faire entrer dans une chambre qui répondoit à côté de celle de Sœur Cornélie, là où nous nous devions donner l'un à l'autre des preuves de notre amour. Il arriva qu'il fut assez heureux de rencontrer à quelque pas du logis Magdelon notre Servante, qui par bonheur pour moi étoit alors ma bonne amie & ma confidente, par laquelle il apprit l'extrême envie que j'avois de venir aux derniers effets avec lui. Elle lui montra la porte par où il pouvoit entrer. Elle me vint aussi-tôt avertir avec beaucoup de joie de la rencontre qu'elle avoit faite de Don-Gracio, & me dit qu'il souhaitoit savoir de moi comment & quand il pourroit entrer sans qu'il pût être apperçu de personne. A quoi je satisfis très-ponctuellement, lui faisant dire que la porte par où il avoit coutume de me venir voir ci-devant, seroit ouverte ou poussée, & que je l'attendrois toute seule en me reposant sur un lit de damas, & que s'il m'aimoit, j'espérois qu'il ne me feroit pas long-temps attendre: (car je suis fort impatiente quand j'ai donné un rendez-vous.) Il vint qu'il étoit environ onze heures & demie : je fus fort surprise de le voir : je t'avoue que la premiere embrassade me fit, pour ainsi dire, peur, non à cause de l'obscurité, mais parce que je ne l'attendois pas si-tôt, & son abord me saisit, non de crainte, mais de joie. Enfin ma frayeur fut pourtant bientôt passée. Ses baisers & ses caresses me firent connoître que je devois être dans peu de temps la plus heureuse fille du monde. Ma pudeur combattant mon amour désordonné, me firent recevoir ses premieres caresses, qui n'étoient qu'un commencement, avec quelque honte en moi-même; mais quelque temps après j'y répondis d'une maniere à laquelle il ne s'attendoit pas. C'est pourquoi m'ayant renversée sur le lit, il me rebaisa un million de fois, & me fit faire mille postures. Je soutins ce petit badinage en véritable enfant de Vénus, & nous y retournâmes plusieurs fois, mais avec des plaisirs bien plus excellens, en me donnant des baisers capables de donner de la jalousie aux Dieux. Ah! que ses embrassemens sont remplis de tendresse: que ses attouchemens sont agréables & délicieux! permets-moi que je place ma bouche entre ces deux tettons (c'est ainsi qu'il me parloit) & que je couvre de ma main ce mont de l'amour & de Vénus; que je touche de l'autre ces fesses blanches & fermes.

Agnès. Ah! que je suis charmée, Angélique, de ton entretien. Je préférerois ces plaisirs à ma condition, si j'étois aussi savante que toi sur ce point.

Angélique. Le lendemain à même heure nous reprîmes les mêmes ébats, & de la même maniere, avec nos combats fort amoureux. Quoi! des plaisirs sont encore très-imparfaits, me dit-il, si vous n'y remédiez. Mais vous auriez raison, lui répliquai-je, de vous plaindre de moi, si ma faute ne procédoit pas de l'ignorance; car je suis de mon naturel plus portée à compassion, que cruelle ou insensible aux peines & aux plaisirs d'autrui, & particuliérement de ceux que j'aime. Je vous prie donc, lui dis-je, de pardonner à ma simplicité: j'espere avec le temps que je pourvoirai à ce dont nous avons besoin, pour jouir de nos plaisirs avec plus de commodité. Après quoi je voulois aller m'instruire sur ce sujet par la lecture de quelques Livres qui traitent de cette matiere; mais il m'arrêta, me priant de retourner à nos caresses, & de voir l'amour violent que nous avions l'un pour l'autre, avant de nous séparer. Il me fit coucher de côté sur le lit, & se vint mettre aussi-tôt auprès de moi, me jurant qu'il m'aimoit plus que sa vie; de ma part je lui protestois que je le chérissois de même: si bien qu'après ces protestations d'amitié, nous recommençâmes nos baisers & nos embrassades avec un contentement excessif.

Agnès. Hé bien! n'es-tu pas pleinement satisfaite d'avoir perdu ta virginité qui te faisoit tant de peine à garder; mais dis-moi de grace, Angélique, Don-Gracio ne courut-il pas risque d'être malade, après un travail si opiniâtre & si redoublé?

Angélique. Tu l'as deviné, car notre Servante ayant rencontré celle de Don-Gracio, elle en apprit que le pauvre Don-Gracio avoit réellement une fievre violente qui l'avoit mis au plus bas degré. Tu peux t'imaginer combien

bien cette nouvelle m'affligea. Mais j'eus bien un plus grand ſujet de triſteſſe, lorſqu'on me dit qu'il étoit au tombeau.

Agnès. Te voilà donc privée de Don-Gracio.

Angélique. Tu l'as dit ; mais tu ſauras que j'en ai recouvré un autre. Un jour étant allée rendre viſite à Madame l'Abbeſſe de Flory, je vis arriver en cette Ville Samuel qui avoit la mine d'être fort las, je le ſuivis, & le vis entrer dans la même chambre où il logea il y a un an ou deux. Auſſi-tôt qu'il fut entré, il ne fit que pouſſer la porte ſans la fermer, & ſe mit ſur le lit, & manioit, ce ſemble, fort triſtement ſon jouet en ſoupirant ; ce qui me fit dire en moi-même : hélas ! le pauvre garçon eſt ſans femme, de même que moi ſans Don-Gracio. Je vois bien qu'il a envie de faire ſervir ce que le Ciel lui a donné. Quoi ! diſois-je, que ne vais-je à lui ? s'il a beſoin de quelque choſe, je pourrois le contenter.

Agnès. Ce Samuel eſt-il jeune & bien fait ?

Angélique. Samuel a environ vingt ans, & d'une ſtature ordinaire : il a les cheveux d'une riche couleur ; on les prendroit pour des fils d'or : il a les yeux fort amoureux, le viſage très-beau, & la jambe fort belle. Après avoir conſidéré au travers de la porte, j'héſitai quelque temps ſi je heurterois à la porte ; mais l'amour l'emportant par deſſus tout, j'entrai hardiment. Il témoigna avoir plus de honte que moi, ſe doutant bien que je l'avois vu faire toutes les poſtures que l'amour inſpire. Je m'approchai de son lit en souriant sans parler, & il me demanda, en me maniant la main gauche : hé bien, Angélique, mon cœur, mon amour, de quoi est-il question ? Puis il me tira & me renversa sur le lit auprès de lui, me regardant les tettons avec des yeux si doux & si enflammés, que je me doutai bien de quelque chose : c'est pourquoi je sautai du lit pour aller fermer la porte au verrouil, & en boucher les trous par où on auroit pu voir ; puis étant revenue sur son lit, je lui dis, faisant un peu la précieuse : Samuel, je prends cette précaution, pour te parler en particulier d'une chose... sur quoi m'interrompant, il voulut mettre la main... Ah ! lui dis-je, que voulez-vous faire ? ôtez cette main de là.

Agnès. Il me semble que tu faisois bien la scrupuleuse. Il y a long-temps que je t'ai pronostiqué de telles rencontres, & je ne dis rien qu'il ne te doive arriver. Est-ce que les hommes n'ont pas le droit, aussi bien que nous le souhaitons, de chercher ce qui peut leur faire plaisir ? & même tu sais bien que notre cœur ne sauroit être sans quelqu'amusement. D'ailleurs la nature lui permet de chercher quelqu'objet qui l'occupe, & de s'attacher à ceux qui lui plaisent.

Angélique. J'ai vu néanmoins des personnes qui condamnoient cette liberté-là comme un grand crime.

Agnès. Je le crois bien. Il est vrai que les Loix civiles sont contraires en cela à celles de la nature, mais c'est seulement pour éviter les désordres qui pourroient arriver dans le monde.

Il est sûr que dans le commerce d'amour, il faut éviter l'éclat, autrement ce seroit faire une grande imprudence de se divulguer si hautement. L'on peut faire l'hypocrite, faire quelques grimaces en temps & lieu, ne parler que fort peu, & même ne pas témoigner trop de passion pour la personne qu'on aime, & saisir à propos l'heure du Berger. Voilà les moyens dont se servent celles qui veulent vivre heureuses dans la servitude du mariage, en cachant le mystere de leur cœur, & planter à leurs maris des cornes en abondances, sans que ces pauvres maris s'en apperçoivent. C'est ainsi que doivent se gouverner, tant les filles que les femmes.

Angélique. Vous me surprenez, Agnès, par la facilité que vous auriez à tromper un mari, si vous en aviez : vous en parlez aussi pertinemment que si vous l'aviez déja expérimenté. Toute votre morale ne me détournera pas de vivre de cette maniere avec Samuel, & même avec un mari. Si j'en avois un, je l'aimerois trop pour lui faire porter une telle couronne.

Agnès. Hélas ! Angélique, si vous aviez encore votre pucelage, on pourroit vous croire tout-à-fait innocente dans ce négoce. Ne savez-vous pas qu'on se lasse de manger toujours d'un même mets, & que le changement est ordinairement un ragoût appétissant. Combien y a-t-il de femmes qui ne se servent pas de l'occasion, quand elles la trouvent ? Jugez donc ce que font celles qui n'ont qu'un galant, selon leur dire, & de quelle maniere elles se gouvernent.

Angélique. Je vous dis encore une fois, que toutes vos paroles ne me persuaderont pas, & que je suis d'humeur à garder la fidélité à Samuel. Mais dites-moi, quelles sont les raisons qui vous portent à me détacher de Samuel ?

Agnès. Ah ! que tu es opiniâtre : qui est-ce, je te prie, qui peut tourner en opprobre une nécessité insurmontable ? Si ce ne sont que les destins qui nous donnent une inclination si violente, le moyen de ne pas succomber ? Minerve même, ni toutes les vestales ne peuvent pas y résister.

Angélique. Tu m'importunes tant sur cette matiere, que je vais changer de discours. Tu sauras qu'un soir je reçus visite de Rodolphe, qui étoit accompagné d'une Demoiselle de qualité : son nom est Alios. Elle avoit un habit de taffetas garni de rubans de différentes couleurs, très-assortis ; sa gorge couverte d'une gaze fort déliée, qu'elle portoit à la faveur du temps qui étoit doux & serein, au travers de quoi paroissoient deux globes bien formés ; & sa bouche, à mesure qu'elle l'ouvroit, faisoit paroître deux rangs de dents fort blanches ; mais sur-tout, ses cheveux blonds & frisés voltigeans tout autour de son front poli & de couleur d'albâtre, relevoient de beaucoup ses belles graces & l'amour qui paroissoient sur son visage. Elle me fit l'honneur de chanter plusieurs beaux airs, avec des roulemens agréables & admirablement bien compassés ; elle formoit une douce harmonie, à laquelle Rodolphe & moi donnions une grande attention, pour tâcher de les apprendre par cœur, principalement Rodolphe ; mais sa vue qui faisoit ses fonctions sur sa personne, aussi-bien que sur moi, détruisit cette entreprise. Dans ce régal, Rodolphe fit amitié avec Alios, (c'étoit aussi ce qu'il cherchoit) à cause que la familiarité n'étoit pas encore trop grande entre eux deux, la priant qu'elle eût la bonté de permettre qu'il eût l'honneur de la voir quelquefois, espérant que cela ne lui seroit pas refusé, & croyant qu'il n'étoit pas dans la mauvaise grace de son pere, aussi-bien que dans les siennes : en continuant de lui dire que son entretien lui plaisoit infiniment, mais s'il osoit, il prendroit un jour la liberté de lui aller rendre visite en sa maison des champs, où il savoit qu'elle devoit passer quelques jours, mettant ce jour-là, disoit-il, au nombre de ses plus heureux, & qu'il espéroit tant de charité de sa personne, qu'elle auroit la bonté de lui procurer ce bonheur. Ce qu'elle fit & ce qu'il reçut avec une joie incroyable. Enfin, il fut lui rendre visite dans ce lieu de plaisance, qu'on peut nommer le palais de la volupté, non pas pour les régularités qu'il y pouvoit remarquer ; mais parce qu'en la présence d'Alios, son esprit se nourrissoit de mille amoureux plaisirs, & que bien qu'il n'osât presque l'aborder, à cause de son pere dont il craignoit un peu la presence, néanmoins par le moyen de petits artifices, il se flattoit de l'espérance de trouver auprès d'elle d'heureux momens.

Agnès. Ne lui dit-il rien autre chose? Ne parla-t-il pas de quelques plaisirs particuliers? Je crains fort, Angélique, que tu ne me veuilles pas tout dire.

Angélique. Je remarque bien ta malice, je te parlerai une autre fois de tout ce qui regarde cette matiere : chaque chose a son temps. Je te dirai seulement que je prie tous les Dieux & toutes les Déesses qui ont été sensibles à l'amour, d'assister Rodolphe dans ses entreprises.

Agnès. Rodolphe est apparemment de tes bons amis, & je vois que tu voudrois qu'il eût achevé ses entreprises. Il n'est pas besoin que je te dise ce que je pense de Rodolphe & de toi. Je dirai seulement que je crois que vous avez goûté ensemble les plaisirs de Vénus.

Angélique. Tu te moques de moi, quand tu parles de la sorte. Ecoute seulement le récit que je vais te faire de ma rencontre. Tu sauras qu'un matin, aussi-tôt que je fus levée, & revêtue d'un habit neuf que je m'étois fait faire pour les jours de Fêtes, nous fûmes Alios & moi chez le Pere Théodore ; après que nous eûmes fait nos prieres, que tu connoîtras, quand tu sauras qu'il est de ceux qui affectent une austérité apparente, & une sévérité de mœurs toute particuliere, tu sauras aussi que tout prêche pour eux la mortification & la pénitence, & leur barbe qu'ils laissent croître, & qui leur rend le visage sec & atténué, les fait passer dans l'esprit du peuple pour de vrais miroirs de sainteté. Eh bien! ma chere fille, dit-il à Alios en l'abordant, vous avez un Pere qui ne veut rien épargner pour vous rendre aussi parfaite que vous devez être. Vous devez, à ce qu'il m'a appris, vous marier dans quelque temps avec Rodolphe, il faut donc nettoyer votre ame de toute tache, pour vous rendre digne de la grace céleste, qui ne peut entrer dans un cœur souillé de la moindre ordure. Vous devez savoir, continua-t-il, que si vous êtes pure, les enfans qui proviendront du mariage & que vous mettrez au monde, rempliront un jour dans le Ciel la place des Anges rebelles; mais si au contraire, vous avez quelque mauvaise qualité, seront infectés, & iront dans le chemin de perdition augmenter le nombre de ces misérables. C'est à vous, lui dit-il, à choisir. Elle étoit si honteuse, qu'elle n'osa lui répondre. Parlez, parlez, reprit-il; je souhaite, lui dit-elle, d'être purifiée, & que mes enfans soient bons. Il y avoit dans la chambre du Pere Théodore, un Pere Jésuite, qui, après avoir écouté quelque temps la conversation du Pere Théodore & d'Alios, s'en alla, dont celle-ci n'étoit pas fâchée, parce qu'elle eut plus de hardiesse à lui parler, & lui confessa jusqu'à la moindre pensée des péchés dont elle crut être coupable. Quand il apprit, entr'autres, ce qui s'étoit passé entre Rodolphe & elle ; qu'elle avoit déja à demi goûté les plaisirs que l'amour inspire, peu s'en fallut qu'il ne s'en emportât de colere. Il lui fit une sévere réprimande après l'avoir avertie d'abhorrer les actions passées. Ensuite il lui ordonna d'obéir aveuglément à ce que son Pere lui commanderoit, à qui il donna sans déplier, un petit paquet de corde qu'il tira de sa manche. Allez, lui dit-il, n'épargnez pas votre fille, servez-lui d'exemple, & ne vous soyez pas trop indulgent. Après cela, nous sortîmes de la chambre du Pere Théodore & nous en vînmes à ma chambre.

Agnès. N'admires-tu point, Angélique, comme ces gens-là abusent de notre simplicité ? Je m'imagine qu'Alios le croit, comme paroles de l'Evangile, aussi bien que son Pere.

Angélique. Dis plutôt que nous nous moquons d'eux. Aussi-tôt que nous fûmes arrivés dans ma chambre, le Pere d'Alios ferma la porte : & donna à la fille en riant ce paquet de cordes à démêler, ce qu'elle fit. Je reconnus bien que c'étoit une espece de fouet composé de cinq cordelettes, nouées d'une infinité de petits nœuds de distance en distance. Hé bien ! ma fille, lui dit-il, c'est avec cet instrument de piété, selon que l'appelle l'Eglise, que vous vous devez disposer au mariage, puisque l'envie vous en prend : il doit vous servir de purgation. Le bon Pere, continua-t-il, nous a ordonné à l'un & à l'autre de nous en châtier nous-mêmes. Je vais commencer, dit-il, &

vous

vous me ſuivrez; mais que la vigueur avec laquelle je traiterai mon corps, ne vous épouvante point ; n'en ayez point de peur, & penſez ſeulement auſſi-bien que moi, que pendant ce ſaint exercice de piété, mon eſprit goûtera des douceurs qui ne ſe peuvent exprimer.

Agnès. Alios trembloit ſans doute d'entendre parler ſon Pere de cette ſorte.

Angélique. Non : & je t'avouerai que je ne croyois pas qu'elle pût avoir tant de force pour ſupporter comme elle fit ce travail ſi rude & ſi pénible.

Agnès. En effet, on dit qu'il n'y a rien de plus fort & plus conſtant que la fille, quand elle s'opiniatre à endurer quelque choſe, elle ſe ſurmonte elle-même à ſupporter avec une fermeté admirable des peines qui laſſeroient les hommes les plus courageux du monde. Je crois que c'eſt ſans doute l'amour qu'elle a pour Rodolphe, qui lui inſpire à ſouffrir ce rude exercice. Mais continue, Angélique, à me raconter ce ſaint exercice, ordonné par le Pere Théodore.

Angelique. Tu ſçauras qu'une des Tantes d'Alios arriva par aventure dans la chambre, comme Alios & ſon Pere alloient commencer cet exercice. Cette Tante qui eſt fort bigote, voulut bien prendre la place du Pere d'Alios, diſant que ce n'étoit pas la maniere que les hommes fiſſent de telles entrepriſes, & que ſelon elle, c'étoit une gloire bien grande de ſe mettre à la place d'un autre, pour exécuter les ordres du bon Pere Théodore, ce qu'elle fit auſſi-tôt en ſe déshabillant juſqu'à ſa chemiſe qu'elle ſe releva ſur ſes épaules : puis ſe mettant à genoux, elle prit en main le fouet dont je t'ai parlé. Regardez ma niece, lui dit-elle, comme il faut ſe ſervir de cet inſtrument de pénitence, & apprenez à ſouffrir par l'exemple que je vais vous donner. A peine avoit-elle achevé de parler, que j'entendis frapper à la porte : je l'en avertis. Je ſai qui c'eſt, dit le Pere d'Alios : c'eſt le bon Pere Théodore qui vient ſans doute pour nous aider dans ce ſaint exercice. Il m'avoit dit, qu'il n'y manqueroit pas, s'il pouvoit obtenir la permiſſion de ſortir. Il frappa une ſeconde fois, c'eſt lui-même, répéta le Pere d'Alios. Va, dit-il à ſa fille, ouvre-lui la porte promptement. Comment, reprit Alios, voulez-vous qu'il me voie ainſi toute nue, ma Tante ? Tu ne ſais pas, dit le Pere à ſa fille, que ce ſaint homme connoît ta Tante juſque dans le fond de l'ame, & qu'on ne lui doit rien cacher. La Tante d'Alios baiſſa néanmoins ſa chemiſe pendant que ſa niece alla ouvrir la porte. Le Pere Théodore entre auſſi-tôt & loua la tante d'Alios du bon exemple qu'elle donnoit à ſa niece. Il fit enſuite un diſcours ſur ce ſujet, mais avec tant de force & d'énergie, que peu s'en fallut qu'Alios ne le prévînt, pour le prier de la traiter avec plus de rigueur qu'il pourroit.

Agnès. Ah Dieu ! eſt-il poſſible ? Alios étoit-elle ſi folle ? étoit-elle ſi ſimple & ſi bigote ?

Angélique. Tu aurois eu de la peine à ne te pas rendre, & il t'auroit sans doute persuadée. Il leur prouva, par un beau discours, que la virginité, sans la mortification & la pénitence, n'étoit aucunement méritoire, que ce n'étoit qu'une vertu seche & stérile, & que si elle n'étoit accompagnée de quelque châtiment volontaire, il n'y avoit rien de plus vilain, & même de plus méprisable. Celles-là sans doute, continua-t-il, doivent rougir de honte, qui se mettent nues devant les hommes, afin de se prostituer à leur convoitise, mais au contraire les autres sont louables, qui ne le sont que par un principe de piété & de pénitence, & même d'un saint zele pour la purification de leur ame. Si vous considérez l'action des premieres, vous n'y trouverez rien que d'infâme ; & si vous jettez les yeux sur l'autre, vous remarquerez qu'elle renferme toute sorte d'honnêteté : l'une ne peut satitfaire que les mortels, mais l'autre est capable de charmer les Dieux ; sur-tout, poursuivit-il, ces sortes de châtimens sont d'un grand usage, quand on sait les prendre dans leur temps ; ils sont comme une source divine dont les eaux miraculeuses ont la vertu de nettoyer les femmes de toutes les ordures qu'elles auroient pu contracter ; elles n'ont point d'autre moyen de se purger, qu'en souffrant avec autant de fermeté & de patience la pénitence qui leur est imposée, qu'elles ont goûté avec sensualité les plaisirs qui leur étoient défendus. Enfin il leur dit que de cette maniere leur ame étoit nettoyée d'une infinité de péchés & de crimes que la honte & la pudeur leur empêchoient souvent de révéler pour leur décharge.

Agnès. Oh ! la plaisante morale : ah ! que ses prétextes sont engageans : il a apparemment, selon son dire, pratiqué ce saint œuvre plusieurs fois.

Angélique. Après tous ces discours, il prit le fouet à la main : la tante d'Alios se mit à genoux, & Alios se retira un peu, ayant toujours les yeux arrêtés sur elle. S'étant donc bien disposée, elle pria le Pere Théodore de commencer ce saint œuvre : à peine avoit-elle proféré la derniere parole, qu'il tomba une grêle de coups sur son derriere qui étoit tout découvert : il la frappa ensuite plus légerement; mais enfin il la mit en tel état, que ses fesses, qui étoient auparavant très-blanches & très-polies, devinrent rouges comme du feu, & même faisoient horreur à les regarder.

Agnès. Eh quoi ! elle ne se plaignoit point.

Angélique. Bien loin de cela, elle parut insensible : elle ne lâcha qu'une fois un soupir, en disant : ah mon Pere ! Mais cet exécuteur de la Justice divine (selon lui) s'en facha. Où est donc votre courage, lui dit-il ? Vous donnez là un bel exemple à votre niece. Il lui commanda ensuite de s'incliner la tête & le corps jusqu'en terre ; ce qu'elle fit, & jamais elle ne l'a présenté plus beau : ses fesses étoient tellement exposées aux coups, qu'elles n'en échapperent pas un; cela dura un quart-d'heure ou environ; apres quoi le bon Pere lui dit: c'eſt aſſez; levez-vous, votre eſprit doit être content. Elle ſe leva & s'en alla à ſa niece: eh bien! ma niece, lui dit-elle en l'embraſſant? c'eſt à préſent à votre tour qu'il faut faire paroître que vous avez du courage: j'eſpere, répondit Alios, qu'il ne me manquera pas. Que faut-il que je faſſe, dit la tante d'Alios au Pere Théodore; préparez votre niece, dit le bon Pere, j'eſpere qu'elle ſera encore plus forte & plus courageuſe que vous. Cependant Alios avoit les yeux baiſſés, ſans rien dire: ne répondrez-vous pas à mon deſſein, lui dit le Pere Théodore? J'y tâcherai au moins, reprit-elle. Sa tante, pendant ce diſcours, la déshabilloit juſqu'à la chemiſe qu'elle lui leva ſur les épaules. Auſſi-tôt qu'elle ſe ſentit toute nue, la pudeur & la honte lui couvrirent le viſage; elle voulut ſe mettre à genoux. Il n'eſt pas néceſſaire, dit la tante; tenez-vous droite. Dans ce même moment, le Pere Théodore prit la parole: eh bien! Alios, voulez-vous être heureuſe? Voulez-vous que je vous mette dans le véritable chemin du Ciel? Je le ſouhaite, lui dit-elle? Après ces paroles, il lui donna quelques coups; mais ſi doucement, qu'il la chatouilla plus qu'il ne lui fit de mal. Pourrez-vous, mon cher enfant, lui dit-il, en endurer de plus rudes? Sa tante répondit pour elle, dit qu'elle ne manqueroit pas de courage, qu'il n'avoit qu'à pourſuivre ce ſaint exercice. Auſſi-tôt, depuis le haut jusqu'en bas, elle se sentit chargée, mais avec tant de violence, qu'elle ne put s'empêcher de crier : ah ! ah ! ah ! c'est assez, c'est assez, ayez pitié de moi, ma tante. Prenez courage, lui dit-elle ; voulez-vous achever vous-même ce qui reste à faire de cet exercice si saint & si bon qui purge les ames les plus souillées ? Fort bien, dit le Pere Théodore. Voyons comme elle s'épargnera : prenez, poursuivit-il, ce saint instrument de pénitence, & châtiez comme il faut cette partie qui est le siege du plaisir infâme, s'il faut parler ainsi. Sa tante lui montra avec la main comme elle devoit faire. Alios se donna cinq ou six coups assez rudement ; mais elle ne put continuer. Je ne saurois, dit-elle à sa tante, me faire du mal moi-même ; si vous voulez, je suis prête de souffrir tout de vous : en disant cela, elle remit le fouet entre ses mains. Elle le donna au Pere Théodore, parce que, disoit-elle, vous aurez plus de mérite d'endurer de lui que d'un autre. Il recommença derechef à en donner à Alios, en murmurant entre les dents je ne sais quelle priere : elle pleuroit, elle soupiroit, & à chaque coup qu'il donnoit, elle remuoit les fesses d'une étrange maniere ; enfin il la lassa tant, qu'elle ne put plus y résister : elle courut d'un bout à l'autre de la chambre, pour éviter les coups : je n'en puis plus, disoit-elle ; ce travail est au dessus de mes forces. Dites plutôt, reprit le Pere Théodore, que vous êtes une lâche & sans cœur ; n'avez-vous point de honte d'être niece d'une tante si bonne & si courageuse, & d'agir avec tant de foiblesse ? Obéissez, lui dit sa tante : j'y consens, répondit Alios, faites de moi ce que vous voudrez. A ces mots, sa tante lui lia aussi-tôt les deux mains avec une petite corde fine, parce qu'elles paroient ses fesses de bien des coups ; elle la coucha ensuite sur le lit, où elle fut fouettée de la belle maniere. Pendant que le Pere Théodore la frappoit, sa tante la baisoit, en lui disant : courage, ma niece, ce saint œuvre sera bientôt achevé ; & plus vous recevrez de coups, plus vous aurez de mérite. Enfin, dit le Pere, voilà qui est bien ; la victime a assez répandu de sang, pour que le sacrifice soit agréable.

Agnès. Ah Dieu ! quel sacrifice ! quelle boucherie, & quel bourreau !

Angélique. Enfin, quoi faire, Agnès ? C'est une maxime qui a été de tout temps. Cela étant fait, sa tante lui délia les mains, en lui donnant mille louanges de ce qu'elle avoit souffert si patiemment un travail si rude pour une fille comme elle. Le Pere Théodore lui dit aussi plusieurs paroles fort obligeantes en s'en allant, & lui donna sa bénédiction. D'abord qu'il fut parti, sa tante l'embrassa avec beaucoup de tendresse, il faut, ma niece, lui dit-elle, que vous feigniez d'être malade d'un mal de côté, afin de prendre le repos qui vous est nécessaire. Pour moi, continua-t-elle, je suis accoutumée à ces sortes d'exercices, & je n'en suis pas plus incommodée. Adieu, jusqu'à demain.

Agnès. Sais-tu ce qu'elle fit pendant le temps qu'elle fut seule dans sa chambre ?

Angélique. Oui ; elle alla s'amuser, après avoir reposé un peu de temps, à faire la lecture de quelques Livres fort jolis, dont voici le catalogue, qu'elle trouva par hasard.

La Religion de Scaramouche.
La Putain réformée, avec Figures.
Le Renversement des Couvents, Piece curieuse.
Le Vatican languissant.
L'Entretien du Pape & du Diable, en Vers burlesques.
Le Monopole du Purgatoire.
Les Diables défigurés, avec Figures.
La Généalogie du Marquis de Grana.
La Sauce à Robert, Piece curieuse.
La Politique des Jésuites.

En vérité, Agnès, ne voilà-t-il pas de jolis Livres. Il faut croire qu'elle s'est bien divertie en faisant la lecture de ces Livres. Pour ce qui est de moi, selon les titres, je ne saurois m'imaginer autrement, sinon qu'il faut qu'ils soient fort curieux.

Agnès. Ah ! qu'elle auroit été heureuse & bien plus contente, si le destin lui eût fait jouir aussi des embrassemens de Rodolphe ! Je crois que si Alios avoit alors su où étoit Rodolphe, ou bien que Rodolphe eût pu savoir où pût être Alios, il auroit profité du temps.

Angélique.

Angélique. Il ſe douta pourtant bien de quelque choſe ; c'eſt pourquoi la fortune qui lui a toujours été favorable, le fit venir dans la chambre où étoit Alios ; il la trouva couchée ſur le lit : elle faiſoit ſemblant de dormir. Il ſe jette à ſon col, il la baiſe & la manie en divers endroits de ſon corps. Elle de ſon côté le prend par un endroit. . . . Ah ! je n'oſe le dire, auquel il ne pouvoit réſiſter. Que voudrois-tu davantage, ſi tu avois été en ſa place ? Tu ne peux t'imaginer le reſte.

Agnès. Mais, dis-moi, comment as-tu pu apprendre des choſes qui ſans doute ſe ſont paſſées en ſecret. Il faut qu'Alios t'ait raconté toutes les particularités, ou bien tu as toujours été en ſa compagnie.

Angélique. Elle-même m'en a fait confidence, & m'a conté juſqu'aux moindres paroles ; outre cela je me ſuis trouvée beaucoup de fois avec elle, & ai été témoin de diverſes choſes qui lui ſont arrivées ; même elle m'a fait la lecture d'un billet qu'elle avoit dérobé, diſoit-elle, de la poche de Rodolphe, qui eſt fort curieux, dont j'ai pris la copie. Ecoute-bien, je vais t'en faire la lecture.

Les dix Commandemens du Roi de France ; aux Pays-bas Espagnols.

PRÉFACE

Ecoute : » Je suis le Seigneur, ton Roi ; » qui t'ai retiré de la Terre d'Espagne & de » sa sujétion ».

Le premier Commandement.

» TU n'auras maintenant d'autre Roi que » moi ».

» Tu n'auras plus d'autre Loi que la mienne, » pour t'en servir ».

II. » Tu ne prendras plus le nom de ton » Roi en vain, pour t'en moquer, comme tu » as fait ; car le Roi ne tiendra pour innocent » celui qui s'en moquera ».

» III. » Tu te souviendras que c'est moi » qui t'ai fait ce que tu es ».

IV. » Honore ton Roi & la France ta » mere ».

V. » Tu ne molesteras plus mes Sujets, ni » tu ne tueras mes Officiers ».

VI. » Tu obéiras à ce qu'ils te diront ».

VII. » Tu ne déroberas plus les terres » d'autrui ».

VIII. » Tu ne diras plus de sottises contre » ton prochain ».

IX. » Tu ne convoiteras plus la maison » d'autrui ».

X. » Tu ne désireras plus sa fortune, ni son » bonheur, ni ses Vaisseaux, ni autres choses » qui lui appartiennent ».

La Priere qui leur est ordonnée de faire.

» NOTRE Pere qui est en France, vo-» tre nom soit honoré, notre Pays vous » advienne : votre volonté soit faite en ses » terres comme aux vôtres : donnez-nous au-» jourd'hui votre pain ordinaire ; & nous par-» donnez nos fautes, nous n'y retournerons » plus ; & ne nous induisez aux tentations, » mais délivrez-nous des maux que nous de-» vons justement souffrir pour nos fautes, car » vous êtes notre Seigneur & Roi qui nous » élevez au degré où nous sommes : s'il nous » faut descendre, donnez-nous patience & par-» don à la fin de nos jours. «

Eh bien ! que dis-tu de cela ? je trouve que cela est fort joli.

Angélique. Il faut avouer, Angélique, que tu as bien du plaisir. Tu dois être fort satisfaite.

Angélique. Tu as raison : il n'y a que cette coutume de divertissement qui réjouit ces personnes. Si les vérités que je t'ai racontées étoient connues d'une infinité de scrupuleuses, elles renonceroient bien-tôt à leurs fortes opinions ; & examinant à la regle d'une droite raison les nécessités naturelles, elles trouveroient dans la vie bien plus de douceurs qu'elles n'en éprouvent. Pour vivre heureuſes dans ce monde, nous devons ôter toutes les préventions de notre eſprit, en excommunier tout ce que la tyrannie d'une mauvaiſe coutume peut y avoir imprimé, & conformer enſuite notre vie à ce que la nature toute pure & innocente demande de nous.

Agnès. Je te ſuis obligée, Angélique, puiſque ſans toi je ſerois encore dans l'aveuglement & dans l'innocence ; car l'effort de mes premieres connoiſſances, la violence des mauvaiſes habitudes, & le torrent de la multitude, m'auroit ſans doute emportée, ſi les ſolides inſtructions que tu m'as données, ne m'euſſent fait changer de ſentiment, en me faiſant connoître la vérité.

Angélique. Tu as oublié de me dire ſi tu approuvois cette conjonction & ce plaiſir. . . . ou ſi tu l'as eu en horreur comme moi.

Agnès. Je ferois fort mal de l'approuver ; & quand même je ne dirois mot, la voie fulminante du Ciel me condamneroit ſi je l'approuvois. Je te dirai encore ceci avant que de finir : Lucien diſpute ingénieuſement de ces deux points, il n'en condamne pas un ; & il eſt même difficile de dire auquel des deux il donne la préférence. Divers autres Ecrivains ſemblent être du même ſentiment : mais ce qui m'étonne, c'eſt qu'aucun Légiſlateur ne les a défendues ; au contraire, il approuve toutes les manieres imaginables pour prendre le plaiſir.

Angélique. Ah Ciel ! je ſuis au déſeſpoir : aſſurément on nous a écouté, car je viens d'entendre quelqu'un ſur les montées. Mais arrive ce qu'il pourra, nous n'avons pas la langue liée ni perdué : les démentis ne coûtent pas ſi cher en ce temps-ci pour en donner à revendre à ceux qui ſeroient aſſez hardis de ſe prévaloir contre nous de cet Entretien.

Agnès. Tu ne me laſſes point à cauſer, & tu ne remarques pas que voilà bientôt la journée paſſée. Remettons ce que nous avons à dire à une autre fois. Baiſe-moi, mon cœur.

Angélique. Ah! Agnès, je ne me laſſerai jamais de ton entretien, tant je le trouve doux & agréable. J'y paſſerois des nuits entieres ſans m'ennuyer. Je m'imagine que tu dois être auſſi ſatisfaite du mien, que je le ſuis du tien. Ce n'eſt qu'avec peine & chagrin que je me ſépare de toi.

Agnès. Ah ! que tu es ſotte ; je crois que tu ne finiras jamais. Adieu.

F I N.

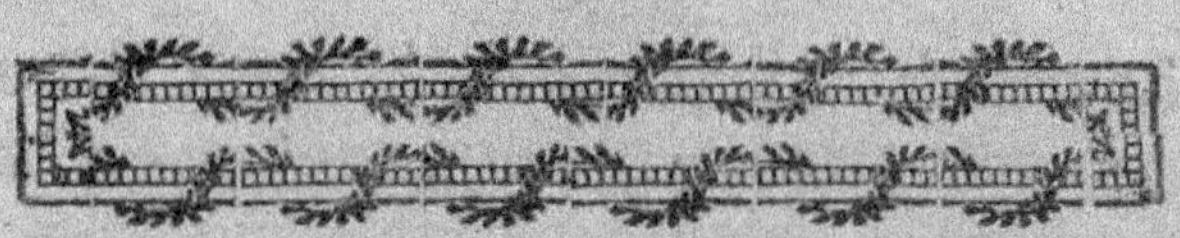

A MADAME LA MARQUISE DE ******

MADAME,

LA derniere fois que j'eus l'honneur de vous voir, nous nous entretînmes ſur la vie des Religieuſes : vous prîtes leur parti avec autant de vivacité & de zele, que s'il eût été queſtion d'un article fondamental de notre Religion. Le Cloître, diſiez vous, eſt une école de vertu & de perfection; les tentations & les vices en ſont entiérement bannis : la vie des Religieuſes, eſt une vie pure & ſainte, éloignée des dangers du ſiecle, & délivrée de tous les ſoins & de tous les embartas du mariage. Enfin, le Cloître, ſelon vous, étoit un

Paradis habité par des Anges qui ne goûtent que des plaisirs spirituels, & des délices célestes. C'est pour cela, ajoutâtes-vous, que j'ai pris le parti de faire ma fille Religieuse. Je l'aime tendrement, & je vous avoue que ce ne sera qu'avec un très-grand regret que je me priverai d'elle ; mais je ne crois pas pouvoir la rendre plus heureuse, ni lui procurer un plus grand bien qu'en la consacrant à Dieu.

Je ne pus pas m'empêcher, MADAME, de vous contredire là dessus, & je n'oubliai rien pour vous faire revenir d'un tel préjugé. Je plaignis le sort de votre fille, qui dans la fleur de son âge, admirée par sa beauté, par sa politesse, & par la vivacité de son esprit, étoit, malgré toutes ses belles qualités, condamnée par un aveugle sentiment de Religion à être renfermée entre quatre murailles, & perdue pour jamais : & pendant qu'on croyoit l'offrir au Ciel comme une victime sans tache, on l'exposoit à être la victime de l'impureté. Je voulois, à cette occasion, prendre la liberté de vous découvrir tout ce que je je ſais du Cloître, la vie infame qu'on y mene, & quels ſont les plaiſirs & les délices de ces anſemelles, dont on a prétendu conſacrer le corps & l'ame au ſervice de Dieu. Vous ne voulûtes point m'écouter, & même vous me fîtes une ſévere réprimande, comme ſi je voulois par des contes faits exprès, noircir la candeur de ces ames innocentes, & vous me défendîtes de vous en parler davantage.

Depuis ce temps-là, MADAME, je me ſuis entretenu ſur le même ſujet avec pluſieurs de mes amis. Ils ont tous été de mon ſentiment, tous ont été étonnés de la réſolution que vous avez priſe de faire votre fille Religieuſe, & tous prennent part à ſon malheur. Il y en a un entr'autres, fort honnête homme, & d'un âge fort avancé, qui a vu beaucoup le monde, & qui a été en correſpondance avec des Religieuſes, non-ſeulement en France, mais en Italie, en Eſpagne & en Portugal. Il a paſſé une grande partie de ſon temps au parloir & à la grille, & il eſt parfaitement inſtruit de ce qui ſe paſſe dans les Cloîtres. Je suis surpris, me dit-il, » que » Madame vôtre Cousine ajoute foi à » tout ce qu'on nous dit de la pureté » & sainteté des Religieuses, elle qui » a un assez grand usage du monde pour » en être mieux informée. Je crois plu- » tôt qu'elle parle & agit ainsi par po- » litique. Cela est assez ordinaire aux » parens qui cherchent à se débarras- » ser de leurs filles. Ils n'ont égard qu'à » l'honneur & à l'avantage de la fa- » mille; c'est ce qui les détermine à » prendre le parti du Couvent, & non » pas à rechercher le bonheur, & le » salut de leurs enfans. Le déborde- » ment de la vie des Religieuses est si » bien connu à présent, que l'on n'en » sauroit douter. Ceux qui tâchent de » nous en donner d'autres idées, n'ont » que leur propre intérêt en vue. Pour « moi, je puis vous assurer, que ce que » je connois du Cloître, je l'ai appris » de la bouche des Religieuses mêmes, » des personnes qui ont la permission » d'entrer dans leurs Couvens & de » converser avec elles. Vous ne sauriez, » Monsieur, croire à quel degré d'é-

» normité le débordement y regne, & » à quel excès les impuretés y sont par» venues. J'en ai fait un portrait assez » naïf, quoique fort au dessous de l'ori» ginal, dans un petit écrit en forme » de Dialogue. Si vous voulez prendre » la peine de le lire, je vous l'enver» rai. « Je n'hésitai pas à accepter l'offre qu'il venoit de me faire, & le lendemain je reçus son manuscrit, & je le lus. Je ne vous dirai pas l'impression qu'il fit sur moi, vous en pourrez mieux juger quand vous le lirez vous-même.

J'ai l'honneur, MADAME, d'être votre proche parent, & je vous en ai, en plusieurs rencontres, donné des preuves de mon attachement, & de l'intérêt que je prends à tout ce qui regarde le bien de votre famille. Après cela, je me flatte que vous serez persuadée de la sincérité de mes intentions en vous envoyant ce petit Ecrit. Vous y verrez une vive représentation des *Délices du Cloître*, & par là vous jugerez quelles sont ces divines lumieres de vertu & de perfection, dont les Religieuses sont *éclairées* pour faire leur salut. On a joint aux

Dialogues un Discours Préliminaire pour en faire connoître le véritable but, & l'utilité qu'on en peut retirer : lisez donc ces deux ouvrages, MADAME, je vous en conjure ; j'espere que par la lecture des Dialogues, vous changerez de sentiment & de résolution par rapport à Mademoiselle votre fille ; & par celle du Discours vous approuverez le tour qu'a pris l'auteur des Dialogues pour peindre les désordres du Cloître. J'ai l'honneur d'être avec un parfait attachement,

MADAME,

Votre très-humble & très-obéissant
Serviteur & Cousin.

Discours sur le but & l'utilité des Dialogues suivans.

LE but qu'on s'est proposé en publiant ces Dialogues, est de représenter, comme dans un tableau, les déplorables effets d'une tyrannie religieuse, qui soutenue par un intérêt mondain, impose des loix injurieuses à la nature & à la liberté chrétienne, contraires à la conservation de l'Etat, honteuses à l'Eglise, & qu'on ne peut pas se promettre de pouvoir observer: loix qui, au lieu de rendre ceux qui s'y soumettent plus heureux & plus vertueux que les autres, les exposent pour toujours à être plus misérables & plus adonnés au vice. On voit ici que c'est en vain qu'on prétend éloigner les jeunes filles du commerce du monde, en les consacrant à Dieu par des vœux solemnels, & en les enfermant dans des Cloîtres, pour les garder nettes des souillures de l'impureté. Rien de tout cela n'est capable d'amortir le feu de la concupiscence, que la nature allume dans leur sein ; au contraire, il le fait brûler avec plus d'ardeur. C'est ce feu qui consume le corps & trouble l'esprit de ces innocentes victimes de la superstition, & de l'intérêt des familles, par des inquiétudes qui les jettent enfin dans le désespoir. Elles regardent le Cloître comme un enfer, & leur état comme le plus malheureux, se voyant privées d'un bien dont les autres sont en possession, & dont elles jouissent sans contrainte & sans blâme, & même avec honneur dans le monde. Elles se plaignent de leur sort, & crient contre l'injustice qu'elles souffrent d'être dépouillées d'un droit que la nature & le Ciel leur avoient accordé. Ces réflexions ne cessent de les tourmenter nuit & jour, & l'envie qu'elles ont d'acquérir ce bien, s'augmentant de plus en plus jusqu'à la fureur, il arrive qu'enfin, malgré tous les soins qu'on peut prendre de les empêcher, elles s'abandonnent au penchant d'une passion violente & déréglée, qui les plongent dans un abyme d'impureté & de crimes affreux. Plut à Dieu que ceux à qui il appartient, voulussent se résoudre à prévenir de tels débordemens par l'abolition de ces loix si préjudiciables au bonheur de la vie, & si pernicieuses au bien de l'Etat & de l'Eglise, & au salut des ames!

Quoique ce qu'on vient dire puisse justifier la conduite de l'Auteur de ces Dialogues, cependant bien loin de lui répondre de l'approbation du public, je suis sûr qu'il y aura beaucoup de gens qui lui feront un crime de sa bonne intention. Ils déteſteront son Ouvrage comme une satyre pleine de faussetés inventées pour décrier dans le monde la vie exemplaire des pauvres Recluses; ils seront choqués du portrait libre qu'on en fait ici, & prétendront qu'il est contraire aux regles de la bienséance, & met en danger l'innocence & la pureté des mœurs.

Je tâcherai de répondre à ces objections. Cependant je ne ferai juger de cette cause, que les personnes éclairées, qui ne se font point un scrupule d'examiner les choses, pour connoître la vérité. C'est à elles seulement que je m'adresse : car pour les personnes scrupuleuses, elles ne sont pas en état d'en pouvoir juger. Les préjugés de l'éducation, la vie qu'elles professent, ou la disposition du tempérament les rend incapables d'envisager la vérité, & elles n'osent pas la regarder, lors même qu'on s'offre à leurs yeux, crainte d'être éblouies par sa splendeur, aimant les ténebres de l'erreur, où elles se croient être en sûreté par une sainte ignorance qui leur sert de guide & de lumiere.

Je dis donc en premier lieu, qu'il faut être bien ignorant de ce qui se passe dans le monde, pour ne pas savoir le déréglement des mœurs qui regnent dans les Cloîtres. C'est un mal connu de tous temps : l'histoire nous en fournit des exemples ; tous les gens de bien en gémissent, & en souhaitent le remede, & plut à Dieu que ce mal ne fût pas encore plus grand que l'Auteur ne l'a dépeint !

En second lieu, je réponds que rien n'est si capable de nous faire détester le vice, qu'une vive peinture du vice même. Qu'on loue tant qu'on voudra la vertu ; qu'on étale avec tout l'art de l'éloquence ses beautés & ses perfections ; qu'on nous prêche la morale, & nous donne des regles pour bien vivre ; tout cela, dis-je, fera moins d'impression sur le cœur de l'homme, pour le rendre vertueux, que la représentation du vice tel qu'il est. La nature humaine est si corrompue, qu'elle n'a de penchant que pour le vice; elle regarde la vertu comme un tyran qui cherche à lui arracher la liberté, en la privant des plaisirs. Quel moyen donc faut-il employer, pour la détourner autant qu'il est possible de ce penchant? C'est de lui faire un portrait naïf du vice, qui lui en représente toute la laideur & la difformité, & l'état affreux où il jette ceux qui en sont les esclaves. Plus on dévoile le vice, plus il donne de l'aversion & de l'horreur. C'est par-là qu'on commence à connoître la vertu & à la rechercher, comme nous enseigne la vraie philosophie fondée sur l'expérience. Les loix mêmes nous font connoître les crimes, en les défendant & les punissant; ce qu'elles ne sauroient faire, sans les bien distinguer & circonstancier. En effet, comment pourroit-on jamais imposer un châtiment proportionné à la qualité & au degré des crimes, sans en connoître la nature & en marquer les différentes especes? Les impuretés sont en plus grand nombre, & d'especes plus différentes qu'aucun autre vice. Pour être convaincu de la vérité de ce que je dis, on n'a qu'à jetter les yeux sur les Loix de chaque Pays, les Ecrits des Jurisconsultes, les anciens Canons de l'Eglise; & sur-tout, si on veut être mieux informé, les Livres des Casuistes.

D'ailleurs on ne sauroit blâmer la conduite de l'Auteur, sans faire injure aux Peres de l'Eglise,

& même aux Ecrivains sacrés, qui dans une infinité d'endroits nous font la description de plusieurs sortes d'impuretés. Ajoutez à cela que de tous les vices il n'y en a pas un dont la laideur nous doive être plus sensible, que celui de l'impureté; non pas tant à cause de ses diverses difformités, & de ce qu'il abrutit l'homme & le rend pire que les bêtes mêmes, que parce que c'est le vice auquel la corruption de notre nature est plus portée, &, pour ainsi dire, entraînée, sans un secours extraordinaire de la Grace. Mais qui nous assurera de ce secours? Et n'est-ce pas notre devoir d'employer tous les soins & toutes les forces que la raison nous fournit, pour résister à ce malheureux penchant? Et pourrons-nous y employer un moyen plus naturel & plus conforme à la raison, que celui d'envisager l'impureté telle qu'elle est? Son image est si terrible & affreuse, qu'on ne peut la regarder sans rougir & frémir d'horreur. Aussi voyons-nous que les Ecrivains inspirés se servent de cette image, pour nous représenter plus au vif la grandeur & l'abomination de l'Idolâtrie. Ils nous la représentent sous l'image d'une prostituée qui s'abandonne à tous venans. Enfin, c'est par tout ce qu'on peut s'imaginer de plus obscene & de plus sale, qu'ils s'attachent à nous la faire connoître. C'est ainsi qu'ils cherchent à nous faire mieux sentir la grandeur de ce péché & à nous en inspirer de l'horreur, afin de nous amener à la vertu & à l'obéissance de la loi divine. Qui pourra s'imaginer qu'ils eussent tenu cette conduite, s'ils avoient cru par-là choquer la pudeur & les regles de la bienséance, & offenser les ames scrupuleuses, ou inspirer l'impureté? Ce seroit blâmer la conduite du Saint-Esprit, qui leur servoit de guide, & qui parloit par leur bouche. Après cela oseroit-on condamner l'Auteur de cette piece? Pouvoit-il se proposer de meilleurs modeles?

Si on veut sérieusement réfléchir sur ces raisons, on ne trouvera point à redire à son ouvrage, & si en lisant, on veut porter la vue sur le but qu'on a eu en les publiant, on y trouvera de quoi profiter. Mais s'il arrive le contraire, ce que nous ne voudrions pas, on ne doit pas nous en blâmer, mais la disposition vicieuse du cœur du lecteur. C'est l'habitude du vice qui est la cause de sa foiblesse, & qui l'a mis dans un état d'esclavage, & dans l'impuissance de s'en délivrer. Il s'est tellement familiarisé, s'il m'est permis de parler ainsi, avec l'impureté, qu'il ne voit en elle rien de laid & d'affreux; mais au contraire, il en admire la laideur & les difformités, qui sont pour lui des beautés & des graces. Son goût est corrompu, & rien n'est sain pour lui; les remedes mêmes qu'on lui offre pour le guérir, il ne s'en sert que pour exciter le feu de son mal. Rien ne peut le rendre ni moins vicieux, ni plus malheureux qu'il n'est. Mais s'il est vrai que le vicieux est puni par le vice même, les mauvais effets que la lecture de cette piece pourra produire sur une ame si corrompue, ne manqueront pas de la punir pendant qu'elle s'abandonnera aux vaines illusions de l'impureté.

PREMIER ENTRETIEN.

Sœur JULIE : *Sœur* DOROTHÉE.

DOROTHÉE. Bon jour, Sœur Julie, comment te portes-tu ? Que tu me parois changée ! quelle tristesse regne sur ton visage ! eh mon Dieu ! qu'aurois-tu ? Je t'ai vue tantôt à l'Office plongée dans une profonde rêverie.

Julie. Ah, ma chere Dorothée, que je suis ravie de te rencontrer ! depuis deux heures je te cherche : j'ai une impatience extrême de t'ouvrir mon cœur ; & comme tu es la meilleure de mes amies, ce n'est qu'à toi seule que je veux confier un secret qui m'est de la derniere importance.

Dorothée. Je suis sensible, ma chere, à la confiance que tu me marques ; je puis bien t'assurer que j'en ai une en toi sans égale, & je ne desire rien tant que de te rendre service. Je suis prête à t'écouter. Commence à me découvrir un cœur qui me semble n'être pas tranquille. Ne seroit-ce pas l'amour qui voudroit se rendre maître, & ce petit audacieux te seroit-il venu blesser malgré les murs & les grilles qui nous environnent ? Mais tu rougis : qui peut te causer tant d'émotion ? Parle, ma chere, & ne me cache rien.

Julie. Ah ! Dorothée, tu ne dis que trop vrai : ſi tu ſavois le trouble qu'il me cauſe depuis quelques jours, tu me plaindrois, & tu me trouverois la fille la plus digne de compaſſion. Je ne ſais ce que je deviendrai, ſi tu ne m'aides de tes avis.

Dorothee. Eh ! mais encore, qui peut te rendre ſi inquiete & ſi embarraſſée ? Allons, allons, dépêche vîte, parle, faut-il que je t'interroge ? Je me doute, & je ſuis preſque certaine de ce qui t'agite ſi fort.

Julie. Mon Dieu, que tu es preſſante ? je ne ſais par où commencer.

Dorothée. Vraiment voilà bien des façons pour rien ; n'a-t-on jamais été ſenſible ? Ce frere Coſme, qui eſt le Chirurgien de la maiſon, ne ſeroit-il point celui qui t'a ſu charmer ?

Julie. Hélas !

Dorothée. Courage, voilà un ſoupir qui commence bien ; il ſignifie beaucoup. Continue, il a fait la moitié du chemin.

Julie. Je l'avoue, ma chere : c'eſt ce même frere, c'eſt lui qui cauſe mes allarmes. Je ne veux plus te rien cacher : eh bien ! ſaches que je l'aime comme on n'a jamais aimé. La premiere fois que je le vis, ce fut chez Madame l'Abbeſſe ; tu ſais qu'il eſt fait pour donner de l'amour à la plus inſenſible.

Dorothée. Il eſt vrai ; & je te jure que ſi tu n'étois pas mon amie, comme tu l'es, je tâcherois de te l'enlever : c'eſt le plus beau garçon que j'aie vu, & qui m'a la mine d'être bon mâle.

Julie. Comment, tu es connoisseuse?

Dorothée. Je n'ai jamais connu d'homme si bien proportionné dans ses membres : à peine a-t-il vingt-quatre ans ; il est fait à peindre, & la couleur dont il est, fait augurer très-avantageusement pour sa vigueur dans les combats amoureux.

Julie. Ah ! sœur Dorothée, vous pensez trop malicieusement. Je vous jure que je n'ai pas encore fait attention à la derniere perfection que vous lui trouvez : ne croyez pas que la sensualité soit le motif qui m'engage à l'aimer ; je suis délicate sur ce point.

Dorothée. Vous êtes une dissimulée, sœur Julie. N'importe ; continuez : un peu d'un, un peu d'autre, cela fait qu'il ne vous est pas indifférent.

Julie. En vérité, ce que tu me dis là me chagrine. C'est ce que tu connoîtras aisément dans ce que je vais te dire, pour te mettre au fait. Il faut que je te raconte comment l'amour s'est emparé de nos cœurs. Il est constant que la sympathie a fait naître l'heureux rapport qui se rencontre dans nos humeurs.

Dorothée. Ce qui est fort rare dans les inclinations. Nous voyons souvent une personne jolie, aimable, & qui nous plaît ; parce que nous l'aimons, nous nous imaginons qu'elle doit être éprise de nous-même, tandis qu'elle soupire en secret pour un ingrat qui la méprise,

& languit pour une autre cruelle : effet ordinaire du caprice de l'amour, & qui cause tant de passions malheureuses de part & d'autre ! Mais quelle félicité au contraire, lorsque les deux ames sont d'intelligence, & que l Ciel les a destinées pour se procurer mutuellement les parfaites douceurs de l'amour !

Julie. Ce sont des douceurs auxquelles j'aspire, mais que je crains de goûter.

Dorothée. Tu ne raisonnes plus pour le coup, ma chere Julie; explique-toi mieux, si tu veux que je t'entende.

Julie. Pour m'entendre, écoute-moi sans m'interrompre. Si-tôt que je vis le frere Cosme pour la premiere fois, je sentis un je ne sais quoi qui me surprit : je fus dans une émotion étonnante, & l'instant de sa vue fut celui de la perte de ma liberté. Lui, m'a dit depuis qu'il avoit senti les mêmes effets à mon premier abord : il brûla pour moi aussi-tôt; nos yeux furent les fideles interpretes de ce qui se passoit dans nos cœurs ; je ne savois comment faire pour lui parler ; de plus j'avois mille précautions à prendre, pour empêcher que nos Sœurs ne s'apperçussent du penchant que j'avois pour lui : enfin l'amour me suggéra un moyen pour le voir, auquel tu ne croiras jamais que j'aie pu penser. Je feignis d'être indisposée, & je demandai le Chirurgien, disant qu'une saignée me soulageroit; que quelque chose que tu sais bien ne paroissoit point, & cela me causoit des douleurs d'estomac & des maux de tête continuels.

Sans trop examiner la vérité, la Mere des Novices, qui me chérit beaucoup, dit qu'il ne falloit point différer, qu'elle en connoissoit la conséquence, & qu'une saignée m'étoit absolument nécessaire. C'étoit ce que je demandois. On fut avertir frere Cosme, que l'amour conduisit ; & porta sur ses aîles. On l'introduisit dans ma chambre ; il me demanda quel étoit mon mal, me tâta le pouls qu'il trouva extrêmement ému, (en effet il l'étoit terriblement.) Ma Sœur, me dit-il, vous avez besoin de repos, & je prévois que cela ne sera rien. Mais, lui dit la Mere Fredegonde (qui étoit accourue pour tenir la chandelle) ne seroit-il pas à propos de lui tirer une petite palette de sang? Oh ! gardez-vous-en bien, répliqua-t-il, nous exciterions les humeurs : que ma Sœur garde pendant quelque temps la chambre, & voilà tout ce qu'il lui faut : demain je lui apporterai quelque chose qui la soulagera beaucoup. La Mere Fredegonde voyant qu'on ne me saignoit pas, s'en fut à son ministere, n'étant plus nécessaire, & nous laissa seuls. Aussi-tôt qu'il fut tête à tête avec moi, il se jetta à genoux au bord de mon lit, & me regardant avec des yeux pleins d'amour, il me fit la déclaration la plus tendre de tout ce qu'il sentoit pour moi. Il s'exprima noblement, & dans des termes qui ne sentoient point l'homme d'Eglise. Je t'avouerai que je ne pus me défendre contre tant d'ardeur ; il tira sans peine l'aveu de mon penchant pour lui ; après un quart-d'heure d'entretien, il s'en fût. Tu ne saurois croire le plaisir que je ressentis de me savoir aimée autant que j'aimois (c'est le plus grand bonheur des Amants.) La nuit me parut d'une longueur insupportable, & j'attendis le jour avec une impatience extrême ; je ne fermai l'œil, que pour tomber dans les songes les plus ravissants ; enfin le jour vint, & mon amant ne tarda point à me venir faire un nouvel hommage de son cœur. Il entra dans ma chambre sur les huit heures, dans le temps que les Dames étoient au Chœur ; personne n'étoit restée auprès de moi, parce qu'on voyoit que ce n'étoit qu'une légere indisposition. Je le priai de s'asseoir auprès de mon lit ; il me demanda comment j'avois passé la nuit, je le satisfis sur toutes ces questions. Je ne tardai point à rappeller la tendre conversation que nous avions eu la veille, ce fut là qu'il acheva de me vaincre. Il me plut à un point que je ne saurois dire ; il a de l'esprit comme un ange, il est fort amusant ; il a la voix fort jolie, il me chanta vingt chansons toutes plus agréables & plus piquantes les unes que les autres. Il y en avoit même de sa composition, que les plaisirs & le badinage sembloient lui avoir inspiré, mais la derniere qu'il me montra étoit parfaite, c'étoit une déclaration d'amour la plus vive & la plus spirituelle. La voici :

Si de tes traits jusqu'à ce jour
Mon ame s'étoit garantie,
Je n'en suis plus surpris, Amour,
Je n'avois pas une Julie.

De

De temps en temps il prenoit une de mes mains qu'il portoit avec transport sur sa bouche, il la serroit entre les siennes ; cela étoit accompagné de tant d'assurances de sa fidélité, que je ne pus résister à cet invincible penchant qui m'entraînoit vers lui ; je lui découvris sans réserve la violence de l'amour qui me dévoroit depuis le moment que je l'avois vu, & nous nous jurâmes une constance éternelle. Les discours passionnés que je lui avois tenus, l'avoient rendu plus entreprenant, il étoit dans l'agitation la plus vive. Ah ! ma chere Julie, me dit-il en m'embrassant, que nous allons être heureux ! Je ne vivrai plus que pour vous ; je méprise à présent les vaines grandeurs du monde ; je me trouve le plus fortuné des mortels, puisque je suis aimé de la plus charmante personne de la terre. En finissant ces mots, il se jetta à mon col, & me serra étroitement dans ses bras. La pudeur cependant vouloit que je le repoussasse, aussi le fis-je ; mais si foiblement, qu'il s'appercut bien que ce n'étoit que par bienséance. Je détournai mon visage, pour ne pas vouloir recevoir le tendre baiser qu'il me vouloit donner ; mais en me retournant, je ne sais comme il fit, je sentis sa bouche collée contre la mienne : un feu subtil se glissa alors dans mes veines, je n'en pouvois plus, je ne me connoissois plus, & j'aurois infailliblement perdu toute retenue, lorsque nous entendîmes du bruit. C'étoit les Dames qui sortoient du Chœur. Il se retira promptement de dessus moi. Oh Dieu ! qu'il étoit beau dans cet instant ! Un coloris de roses regnoit sur ses joues, ses yeux étoient vifs & perçants, & mille traits amoureux en partoient, qui m'enchantoient. Pour moi j'étois dans un trouble inexprimable : je me sentis toute mouillée dans ce certain endroit, & le feu qui me brûloit au dedans, avoit séché mes levres ; je le regardai avec des yeux éperdus. Ah, mon cher Frere, lui dis-je, à quoi nous exposez-vous ? Il sourit tendrement, me prit la main, & me quitta.

Dorothée. La pauvre enfant ! N'as-tu pas été bien fâchée de ce que l'office avoit été fini si-tôt ?

Julie. Badine donc toujours ; écoute-moi jusqu'à la fin ; & ne m'interromps plus. Le lendemain, il revint à la même heure, & il entra comme je commençois à m'assoupir, parce que j'avois fort peu dormi la nuit. Il tira doucement les rideaux de mon lit, & d'abord voulant me respecter, il se contenta de prendre sur ma bouche un baiser le plus légerement qu'il put ; mais plein d'amour, & rien ne s'opposant à ses feux, il m'en donna mille tout de suite ; il glissa sa main entre les draps, & me prit les tettons. Je me réveillai en sursaut, & je demeurai surprise au dernier point. Je voulus crier, mais il me ferma le passage de la voix d'un baiser brûlant. Ah ! mon Frere, lui dis-je, quels sont vos desseins ? retirez cette main téméraire. Ah ! ma chere Julie, reprit-il, que vous êtes cruelle ? Voulez-vous ma mort ? N'aurez-vous point compaſſion d'un malheureux qui va expirer à vos yeux. En finiſſant ces paroles, il enfonça l'autre bien plus avant, & mit un doigt dans un endroit que tu connois auſſi bien que moi. Le ſubtil mouvement de ce doigt me cauſa un raviſſement qui me ravit, le plaiſir me ſurprit, & enfin je répandis ſur ſa main une liqueur dont elle fut inondée. Ah, ma chere Julie, s'écria-t-il amoureuſement, que je ſuis heureux, puiſque j'ai pu vous donner une teinture des biens que nous goûterions, ſi vous m'étiez plus favorable. Pendant tout ce temps, j'étois reſtée immobile & pâmée, mes yeux étoient fermés, ma bouche étoit entr'ouverte, & je n'oſois plus le regarder. La pudeur faiſoit ſes effets ordinaires. Lui au contraire ſe mettoit en devoir de ſe ſatisfaire, lorſque cette même pudeur & la honte ſe changerent ſubitement en colere, & me donnerent des forces pour me défendre courageuſement. Je m'arrachai de ſes bras. Allez, lui dis-je, ingrat, c'eſt trop m'outrager, ne paroiſſez jamais devant moi. Quelle inſolence! Eſt-ce ainſi qu'on doit agir avec une perſonne que l'on eſtime? Il partit à ces terribles paroles, & me regardant avec des yeux où l'amour & le déſeſpoir étoient peints, il ſe jetta à genoux, & me demanda pardon de ſon entrepriſe, & il en marqua le plus ſincere repentir.

Dorothée. Bon, que tu es ſimple! Ce n'étoit point de ſa témérité qu'il ſe repentoit, mais bien plutôt de n'avoir pu y mettre une fin heureuse. Tu le congédias donc.,

Julie. Oui ; mais il ne sortit qu'après m'avoir fait promettre que j'oublierois ce qui venoit de se passer, & qu'il m'eut engagé par les prieres les plus pressantes à lui rendre mon cœur. Je ne pus m'en défendre ; il me donna un baiser que je lui rendis aussi tendrement, & nous nous séparâmes. Aussi-tôt qu'il fut parti, je fus fâchée des peines que je lui avois causé.

Dorothée. Il étoit bien temps. Voilà comme nous sommes toutes faites, nous nous défendons avec opiniâtreté, tandis que dans le fond nous serions bien aises que cela fût. Quelle bizarrerie !

Julie. Il est vrai, mais que veux-tu ? On nous a tant prêché d'être sages, que l'on ne fait le premier pas qu'avec des craintes mortelles. De plus, certaine enflure qui peut survenir, nous retient, & met des digues à l'impétuosité de nos desirs.

Dorothée. Tu as raison, & c'est le nœud de l'affaire, sans quoi tu verrois bientôt paroître une nouvelle secte de multiplians. Quelles délices pour tant de filles aimables, d'un tempérament amoureux, qui souffrent dans les bornes & les chaînes cruelles que leur donne leur virginité ! que d'envies ne sont point étouffées ! que de desirs cachés ! que de passions contraintes ! Ah ! ma chere, nous ne l'éprouvons que trop, & je te confesse que je ne suis point de celles qui en souffrent le moins.

Julie. Est-il possible que nous ne trouvions jamais de préservatifs contre ce mal dangereux ?

Dorothée. Non, non, ne t'abuse point; rien ne peut empêcher les opérations de la nature, & nous ne serons que trop obligées de nous en tenir au triste godemiché : c'est la chose du monde la plus insipide, & je m'imagine que ce n'est point en comparaison de la piece d'introduction virile.

Julie. Ah ! ah ! ah ! . . . que tu es foible; quel nom viens-tu de donner à cette partie de l'homme ? Je t'assure qu'il est nouveau, & la Mere Vitaline & la Cunegonde qui les savent tous, ne connoissent point certainement encore celui-ci.

Dorothée. Quand des mots nous paroissent obscenes, il en faut purifier l'in....gruité, en leur donnant une tournure telle qu'ils puissent être prononcés sans blesser les oreilles chastes.

Julie. Je vois bien que tu suis la maxime de Sœur Agnès, qui lorsqu'elle parle de son Confesseur, ne dit jamais que mon Fesseur; du Vicaire, le Caire; du Curé, le Ré : quelle simplicité, & quelle hypocrisie ! tandis que la sainte Nitouche se trouve tous les jours au parloir avec Frere Conrard, & je l'y surpris l'autre jour qui se prêtoit le mieux qu'elle pouvoit à travers la grille.

Dorothée. Julie, tu es médisante, tu n'en parles que par envie; car en bonne foi, toi-même serois-tu bien aise qu'on t'interrompît dans une telle occupation ? Va, ma chere, il faut plus de charité pour son prochain.

Julie. C'est que je ne peux m'empêcher d'éclater, quand je vois & j'entends de pareilles sottises.

Dorothée. Mais revenons au Frere Cosme, quand reviendra-t-il ? Je m'intéresse pour lui, & je suis tellement portée à lui rendre service, que si tu continues à le traiter cruellement, j'apporterai tous mes soins pour le faire revenir de la passion qu'il a pour toi, & je le vengerai de tes mépris.

Julie. Tu te trompes, je ne le méprise point, & je te prie de ne pas prendre ses intérêts avec tant de chaleur ; car toutes bonnes amies que nous puissions être, cela ne m'accommoderoit point : cherche ailleurs, & laisse-moi mon Carme ; tu es assez aimable pour faire une conquête, & avec l'esprit que tu as, tu sauras bientôt charmer quelqu'aimable Frere. Pour le mien, je souhaite bien fort qu'il revienne, & je me sens disposée à le traiter plus humainement que la derniere fois. Je lui veux cependant laisser faire toutes les avances, & je ne me rendrai que sur les fins. Je me défendrai peut-être encore plus que je ne pense. Adieu, ma chere ; la premiere fois que je pourrai t'entretenir, peut-être t'apprendrai-je bien des choses.

Dorothée. Je le souhaite, pour peu qu'elles te fassent plaisir. La cloche sonne ; on va à l'Office. Adieu.

Fin du premier Entretien.

DEUXIEME ENTRETIEN.

Frere COSME : *Sœur* JULIE.

FRERE COSME. Bon jour, ma très-chere Sœur.

Julie. Je vous salue, mon cher Frere. Je suis depuis hier dans une inquiétude extrême : vous veniez me visiter tous les jours, & il y en a quatre que je ne vous ai vu.

Frere Cosme. Hélas! cruelle, qui peut mieux en savoir la cause que vous? Ne m'avez-vous point défendu de vous parler jamais? Quel étoit mon crime, pour m'ordonner une peine si rigoureuse? Est-on criminel pour être trop amoureux?

Julie. Ah! mon Frere, ne rappellez point à mon cœur un souvenir qui me tue. Dieu! que de combats n'a-t-il point souffert depuis votre absence? L'amour & la vertu ont long-temps disputé. Le premier m'a fait sentir ce qu'il a de plus tendre; mais aussi l'autre m'a soutenue dans des momens où toutes mes résolutions étoient prêtes à s'évanouir. Je me rappellois ces instans passionnés, où me livrant trop à vos transports, je touchois au moment qui m'alloit voir céder à l'impétuosité de vos desirs; j'étois hors de moi-même, & je vous desirois ; je brûlois. Hélas! disois-je, loi de l'honneur, que vous êtes barbare ? Vertu cruelle, devoir fatal, que ne me laissez-vous ? Pourquoi résistez-vous au feu d'un homme qui m'adore, d'un tendre amant qui ne vit que pour moi ? Oui, disois-je avec un soupir, il a de la probité, j'en suis persuadée, & ses sermens sont inviolables ; mais, reprenois-je aussi-tôt, malheureuse Julie, quels sont tes égaremens ? Dans quel abyme de maux vas-tu te précipiter ? Il est vrai, ton amant est aimable, il est charmant, mais qui peut te répondre de sa constance ? De plus, quand elle seroit éternelle, si tu te livres à sa flamme, à quel danger ne t'exposes-tu pas ? Quelle suite de peine & de honte ne suivront point tes plaisirs ? Tu veux donc te couvrir d'infamie.

Frere Côsme. Arrêtez, ma chere Julie, cessez d'être ingénieuse à vous tourmenter ; écoutez encore une fois un homme qui va mourir à vos yeux, si vous vous obstinez à lui plonger le poignard dans le sein par vos cruautés.

Julie. Hélas ! mon Frere, que voulez-vous de moi ? Juste Ciel ! Pourquoi m'êtes-vous si cher ?

Frere Cosme. Puisque vous m'accordez cette grace, permettez, aimable Julie, que je remette à votre mémoire le commencement de mes feux, & ce qui les fit naître ? L'heureux jour que Madame l'Abbesse m'envoya chercher pour la saigner, fut celui où je commençai à porter des chaînes. J'avois résisté courageusement aux attaques que les beautés de nos Sœurs avoient données tant de fois à mon cœur : toujours ferme

ferme & insensible, je menois une vie farouche & austere. L'esprit tentateur ne s'étoit fait sentir que pour me faire triompher ; aussi est-ce le temps où j'ai été réellement dévot. Mais dès que j'eus reconnu vos attraits, j'apperçus l'abus dans lequel je vivois ; des réflexions sur les superstitions, l'ignorance & les momeries de mes Freres, me firent ouvrir les yeux, je dissipai les ténebres, je détestai mon erreur, & je résolus de profiter du temps de la jeunesse, dans lequel on est fort & vigoureux. Je n'avois encore porté que la haire & le cilice : la discipline la plus cruelle outrageoit journellement mes épaules ; les jeûnes & les mortifications altéroient ma vigueur, & je m'enterrois, pour ainsi dire, tout vivant. Mais quelle différence ! dès que j'eus le bonheur de vous voir, je ne songeai qu'à conserver des jours qui ne devoient plus être consacrés qu'à l'amour. Je fis serment de ne vivre désormais que pour vous ; mes peines & mes plus grands chagrins ne furent plus que votre absence : mes yeux parlerent, se plaignirent, & furent écoutés. La sympathie, ainsi que vous me l'avez dit depuis, fit sentir à nos ames ses merveilleux effets, & nous ne vécûmes plus que l'un pour l'autre. Vous suivîtes, ma chere Julie, cette excellente maxime du Cloître, qui est de ne point faire languir un amant quand il a le don de plaire, la dissimulation n'agissant jamais entre nous pour un tel sujet, & nous fûmes d'accord à la premiere entrevue. La liberté que j'ai d'entrer dans le Couvent & de visiter les Sœurs, fut pour moi le plus grand avantage ; j'en profitai, & vous me permîtes de vous voir autant que l'occasion s'en présenteroit. Enfin nos feux s'allumerent réciproquement.

Julie. Ils ne le sont que trop. Juste Ciel ! Je tremble, & mon aveugle tendresse me fait frémir.

Frere Cosme. Quoi ! mon bel Ange, vous repentez-vous d'y avoir répondu ? Que faut-il pour mériter votre retour ? Revenez d'un préjugé qui nuit au repos de votre vie. Rendez heureux le plus tendre & le plus constant des hommes.

Julie. Que faut-il donc encore, ingrat ? N'ai-je-point tout fait pour vous ? Vous ai-je refusé toutes les faveurs que l'on peut accorder sans intéresser l'honneur. Lorsque quelquefois à mes genoux j'entendois vos soupirs, ne vous donnois-je point mille marques d'un amour aussi ardent que le vôtre ? Ne vous rendois-je pas ces baisers brûlants avec les plus vifs transports ?

Frere Cosme. Souffrez, ma chere Julie, que j'en prenne un sur ces levres de rose ; vous ne sauriez me défendre ce que vous m'avez accordé tant de fois.

Julie. Il m'embrasse. Ah ! je n'en puis plus ; retirez-vous. Vous me tuez ; mais où portez-vous cette main ? De grace, mon cher ami, retirez la.

Frere Cosme. Adorable Julie, lisez dans mes

yeux la violence du feu qui me dévore. Je meurs à vos genoux, si vous n'avez pitié de moi. Où suis-je ? Je suis hors de moi ; que de beautés s'offrent à ma vue !

Julie. Finissez, mon Frere ; en vérité vous me mettez dans un état.... si quelqu'un nous surprenoit, nous serions perdus.

Frere Cosme. Non, non, ne craignez rien ; toutes les Dames sont au Chœur, & je bénis le Ciel que, sous prétexte d'une feinte indisposition, j'aie le bonheur de me trouver seul avec vous.

Julie. Vous êtes trop dangereux. Je vous prie de ne plus venir à cette heure. Retirez donc cette main, que veut-elle ?

Frere Cosme. Que vous êtes dissimulée ? Ne pénétrez-vous pas, ne connoissez-vous pas ses desseins aussi bien que moi ? Laissez la faire.

Julie. Non, je ne le souffrirai jamais. Mais elle gagne la place. Eh bien ! mon Frere, quand vous aurez pris ce que vous desirez..... Ah Dieu ! vous me blessez.

Frere Cosme. Pourquoi vous défendre ? J'y suis, je les tiens, ces charmans tettons. Qu'ils sont fermes & ronds ! Ah ! qu'une gorge de vingt ans est quelque chose d'admirable ! c'est l'âge où elle est dans sa perfection. Quelle blancheur ! Ah ! ma Sœur, je succombe, quel feu saisit mes sens ? Hélas !

Julie. Que je suis fâchée de vous avoir accordé cette faveur ! Cela vous met dans un état qui me donne tout lieu de craindre pour moi.

même. Comme vous me chatouillez le petit bout ! Ah ! . . . Ah !

Frere Cosme. Sentez-vous quelque plaisir, ma très-chere ! Je ne cherche qu'à vous en procurer.

Julie. Frere Cosme, vous êtes bien subtil ; vos vues sont bien intéressées : vous ne m'en donnez qu'afin que je vous en procure davantage.

Frere Cosme. Votre prévoyance & votre pénétration ne sont plus ici placées. Croyez-moi, profitons du temps favorable, nous avons encore une heure à nous, ainsi nous n'avons rien à craindre ; permettez-moi de lever tous les obstacles qui s'opposent à notre commune félicité ?

Julie. En vain voulez-vous me séduire, tous vos discours sont inutiles ?

Frere Cosme. Ah ! barbare, dans quel désespoir me précipitez-vous ? Que je suis malheureux, cruelle, de vous avoir connue ? Mais que dis-je ? C'est moi qui ai tort, je suis coupable. Percez ce cœur, n'épargnez point des jours destinés à être misérables. Quelle vie languissante ne vais-je pas mener, si vous n'accordez point à ma flamme le moyen de la calmer ? L'Hymen peut-il nous unir ? Sommes-nous dans le monde ? Un Cloître affreux ne doit-il pas être notre asyle, tant que nous verrons la lumiere ? Ne sommes-nous nés que pour être malheureux ? Serons-nous les victimes de la cagoterie ? Revenez d'une prévention où la superstition vous a jettée, mais que j'ai bannie pour jamais de mon esprit. Ne sommes-nous pas l'ouvrage de l'Être éternel, ainsi que les gens du monde? Comment? Parce que l'avarice de nos parens les a engagés à séduire notre enfance pour captiver nos corps, il faudra nous priver des biens qu'ils goûtent, & que l'amour nous offre. Abus, ma chere Julie; ne soyons point assez aveugles, pour nous laisser préoccuper d'une pareille chimere? Jouissons des plaisirs de la vie; le Cloître est leur séjour: quand on sait les goûter, il ne s'agit que de cacher les apparences: c'est-là où l'on voit triompher le Dieu des cœurs; ses douceurs sont plus parfaites par les obstacles & les difficultés qui s'y opposent: aussi sont-elles infinies, quand on sait les lever, & l'on coule les jours les plus charmants?

Julie. Ah! mon cher Frere, que vos instructions sont salutaires! Déja je vois dissiper les ténebres qui obscurcissoient mes yeux: mon esprit est embelli d'une nouvelle intelligence, il se détache insensiblement de toutes les absurdités dont il étoit obsédé; le flambeau de l'amour m'éclaire, mon cher Frere, je me rends.

Frere Cosme. Je suis ravi de vous voir dans de semblables dispositions.

Julie. Mais il me survient une pensée qui me combat encore furieusement; écoutez: quand nous aurons joins nos cœurs, & que libres de goûter tous les plaisirs, vous posséderez ce que j'ai de plus cher, les suites n'en seront-elles point à craindre ? L'appréhenſion ne vous paroît-elle pas juſte ? Qu'en dites-vous ?

Frere Coſme. Oui, elle ceſſera bientôt, parce que je vais vous le dire. Les connoiſſances que j'ai acquiſes dans mon art, me ſerviront pour vous mettre à l'abri de tous inconvénients : jamais de petits indiſcrets ne viendront trahir ni troubler notre tendre commerce.

Julie. Mais comment vous y prendrez-vous, pour empêcher la nature d'agir ? Car il eſt certain que nous ſommes faits comme les autres, & que je ne pourrois être entre vos bras, ſans tomber dans ces charmans tranſports, pendant leſquels je crois que ces petits indiſcrets, comme vous venez de dire, prennent forme ; & je préférerois la mort la plus cruelle à l'ignominie qui me couvriroit le reſte de ma vie, ſi j'en mettois un au monde.

Frere Coſme. Je ſçais un moyen infaillible pour l'empêcher.

Julie. Quel eſt-il ? Ne ſeroit-ce pas par la vertu de certaines herbes ? Oh ! non, je n'y conſentirai jamais. Ce ſeroit offenſer Dieu mortellement. Non, non, mon Frere, je n'y conſentirai jamais.

Frere Coſme. Que de foibleſſe ! quels ſcrupules ! quoi vous en venez encore à une dévotion mal placée ! elle n'a que faire ici : encore un coup, ma chere Julie, banniſſez-la comme une choſe inutile, & ne m'interrompez plus ; j'ai d'autres moyens plus naturels & beaucoup plus certains. Les herbes & les ſimples

ples dont vous me parlez, ont en effet la vertu de faire avorter les femmes, mais je me donnerai bien de garde d'y avoir recours. Vous m'êtes trop chere, pour hasarder & exposer vos jours au succès dangereux & douteux de l'effet qu'elles produiroient. Les simples, en anéantissant le fœtus, peuvent causer la mort à la mere, ou du moins traînent après elles des suites funestes, comme des maladies terribles, ou les remords d'avoir fait périr une malheureuse petite créature que l'amour a fait naître, & que le cruel honneur vient détruire. Non, mes remedes sont plus sûrs & plus doux, & vous en conviendrez, ma chere Julie, quand vous les connoîtrez. Je veux que vous me sachiez gré de vous avoir donné connoissance de choses si nécessaires au repos des heureux amans, & si favorables aux plaisirs des sens.

Julie. Pourquoi différez-vous donc tant à me les apprendre ces secrets merveilleux? Vous m'en donnez une idée si avantageuse, que je brûle déja de les savoir. Contentez-moi, mon cher Frere.

Frere Cosme. Quelque sublime & élevée que puisse être cette matiere, je ne doute point que votre esprit ne la conçoive facilement, & les choses les plus abstraites pour les personnes de votre sexe, ne sont pour vous que simples & faciles à développer : je commence; ne perdez point un mot de mon discours; je vais le rendre le plus succinct que je pourrai, car les momens font chers, & comme je ne doute point de vous perfuader, j'efpere que l'exécution & l'effai fuivra de près les paroles.

Quand l'Être fupréme forma nos premiers Peres, il leur donna la faculté de produire leurs femblables. Cette production ne fe peut faire qu'en fe joignant amoureufement, par le moyen de ces deux voluptueufes parties dont nous fommes pourvus l'un & l'autre, qui font les inftrumens de la génération, & que l'on appelle dans l'homme le membre Viril; & dans la femme le C.. Il annexa à cette jonction, le plus parfait des plaifirs, afin de les engager à fe joindre avec plus d'ardeur, pour multiplier & donner des habitans à l'Univers, & pour dédommager la femme des peines qu'elle fouffre dans l'enfantement, il rendit fa partie beaucoup plus fenfible au chatouillement que l'on fe procure mutuellement; auffi reffent-elle un plus grand plaifir que l'homme dans le coït.

Pour parvenir à engendrer, il ne fuffit pas feulement de mettre ces parties l'une dans l'autre, il faut encore qu'il forte de celle de l'homme une certaine liqueur vifqueufe & fubtile, & qui par les efprits qui en exhalent, forme l'enfant, lorfqu'elle eft reçue dans la matrice de la mere.

C'eft donc cette liqueur même qu'il s'agit en cette occafion de détourner, puifque ce n'eft qu'elle qui caufe cette enflure importune, & trouble les délices des plus tendres cœurs. Il eft vrai que bien des hommes n'ont point assez d'empire sur eux-mêmes, pour se retirer de cette charmante fournaise, lorsqu'elle nous excite par sa chaleur à résoudre les humeurs. Le plaisir est si grand, les transports si violens, qu'on s'abandonne & qu'on se livre sans réserve aux biens parfaits dont nous comble l'objet de nos desirs. Mais quand on l'adore, ce charmant objet, qu'on l'estime, & qu'on veut le ménager, il est nécessaire de conserver un absolu pouvoir sur ses sens, & de lui procurer les douceurs de l'amour, sans qu'il se repente de nous avoir accordé ses faveurs. J'ose bien vous répondre de moi, ma chere Julie, je vous aime trop pour vous exposer au moindre danger. Les complaisances que vous aurez pour moi, seront un motif pour m'engager à la plus sincere reconnoissance. A Dieu ne plaise que pour me satisfaire, je vous cause la moindre peine!

Julie. Mais, mon cher, ce que vous venez de me dire est-il bien vrai? Ne m'en imposez-vous point?

Frere Cosme. Ah! cruelle Julie, c'est m'outrager trop sensiblement. Quoi! vous pouvez douter un moment de ma sincérité!

Julie. Pardon, mon cher amant, le plus doux baiser va te récompenser, excuse une amante incertaine: ah! c'est assez combattre, fais, je me livre à toi; mais seras-tu constant? Seras-tu fidele? Tes yeux me disent oui.... Allons, j'y consens, je me sacrifie, fais.... Mais que dis-je, je suis troublée, je n'en puis plus.

Frere Cosme. Quoi! vous vous laissez aller

entre mes bras, ma chere Julie; quel bonheur eſt comparable au mien! Amour, tu me combles de tes bienfaits.

Julie. Que faites-vous, cher Frere. Ah!... Ah!... je ſuis morte: comment vous me jettez ſur le lit; non, non, cela...

Frere Coſme. Pourquoi vous défendre encore? Eſt-ce ce que vous venez de me dire il n'y a qu'un inſtant? Mais Dieux que de beautés s'offrent à ma vue, quelles cuiſſes! que ſens-je? que tiens-je dans mes mains? Le joli petit poil, il eſt plus noir que le jais. Ce lieu eſt plus vermeil que la roſe, que je le baiſe. Ecartez-vous, ma chere Julie, ôtez donc votre main. Sentez-vous?

Julie. Ah! retirez ce terrible inſtrument. Qu'il eſt brûlant!

Frere Coſme. Au contraire, empoigne-le bien, mon cher cœur, conduis-le toi-même dans cet endroit où il doit être la victime du ſacrifice que nous offrons à l'Amour?

Julie. Ah! comme tu le pouſſes! non, jamais il n'entrera. Veux-tu me fendre? Oh!... quelle douleur vous me faites: eſt-ce-là, méchant, le plaiſir que tu me faiſois eſpérer?... Ah! de grace, retire-toi, mon ami, tu me creves? Ah!...

Frere Coſme. Ah! je ſens qu'il entre, ma chere, embraſſe-moi, ſerre-moi étroitement, donne-moi un baiſer? Tes levres ſont brûlantes. Je ne me connois plus.

Julie. Ah! mon Frere, qu'eſt-ce qui coule donc de ma partie? quel raviſſement! Eh!...

Eh ! . . . Eh ! . . . tu me tues. . . arrête . . . je me meurs.

Frere Cosme. Enfin me voilà entré victorieux dans la place ; quelle douleur de m'en retirer, sans y laisser des marques de ma victoire. Mais, ma chere, il le faut, je m'y suis engagé, privons-nous du dernier excès de plaisir, pour nous en procurer un plus durable. Je ne me retire cependant qu'à condition que ta main achevera le reste.

Julie. Tu me l'as promis, mon cher, n'abuse donc point de la facilité que j'ai eue à t'accorder ce que tu desirois ; ménage ta tendre Julie, qui ne veut plus être désormais qu'à toi : je consens d'achever, mais montre-moi comment il faut faire ? Mais qui te presse de te retirer si vîte, crains-tu de me faire du plaisir ?

Frere Cosme. Non, mais je crains de décharger ; mais en parlant je... dé...

Julie. Avec quelle impétuosité te retires-tu ?

Frere Cosme. Ah ! . . . je décharge.

Julie. Ah ! tu m'inondes, je suis toute mouillée. Quoi ! c'est donc là cette liqueur dont tu viens de me parler ; mais je suis toute perdue : en vérité, il faut, mon cher, que je t'aime bien, pour souffrir toutes ces choses.

Frere Cosme. Regrettes-tu le plaisir que tu m'as donné, & toi-même n'en as-tu pas senti ?

Julie. Oui ; mais ce n'a été que sur les fins, car au commencement la grosseur de ce que tu sais bien, m'a fait un mal horrible ; je suis toute déchirée ; je ne sais même s'il n'y a pas du sang à ma chemiſe, car j'ai ſenti une vive douleur dans les premiers coups ; cela me cuit encore bien fort.

Frere Coſme. Va, ma chere enfant, cela ne durera pas ; le paſſage eſt fait, & c'eſt lui qui nous conduira au vrai bonheur. Il faut avoir un peu de peine, avant que d'arriver à la ſouveraine félicité ; elle ſera durable : un ſort fortuné ſe préſente à nous, l'amour ſe prépare à nous combler de ſes faveurs, & nous pourrons dire enſemble ces quatre vers :

L'Amour contente nos deſirs,
Nous portons ſes plus douces chaines ;
Et ſans reſſentir ſes peines,
Nous goûtons tous ſes plaiſirs.

Qu'on eſt heureux, ma chere Julie, quand on peut dire ces tendres paroles ? La vie alors n'eſt plus qu'un tiſſu de délices.... Mais j'entends quelque bruit; on ſort du Chœur, je te quitte. Adieu, ma chere Julie, reçois ce baiſer pour gage de ma tendreſſe. Adieu, qu'il eſt cruel de ſe ſéparer au milieu des plaiſirs ! Adieu encore une fois.

Julie. Encore un petit baiſer ; mais reſte un inſtant. Cependant non... vas... que je m'ennuierai quand je ſerai ſeule ! Je ne ſais qu'une choſe pour me conſoler, c'eſt de me repaſſer tout ce que nous venons de faire. Mais hélas ! tu n'y ſeras point. Adieu, mon amour.

Frere Coſme. Adieu.... Adieu, Julie.

F I N.

www.ingramcontent.com/pod-product-compliance
Ingram Content Group UK Ltd.
Pitfield, Milton Keynes, MK11 3LW, UK
UKHW021145260726
13994UKWH00001B/311

9 782329 261522